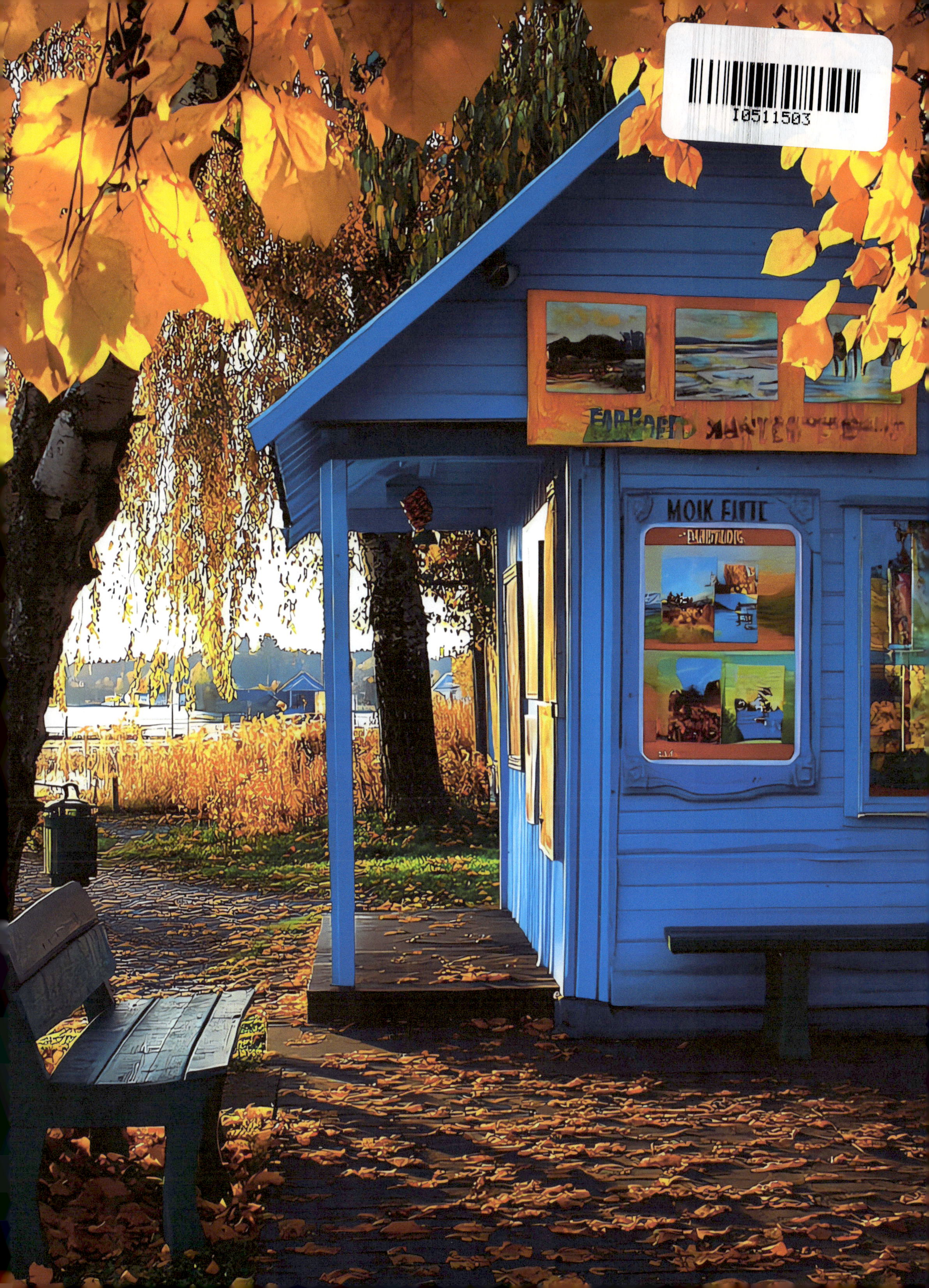

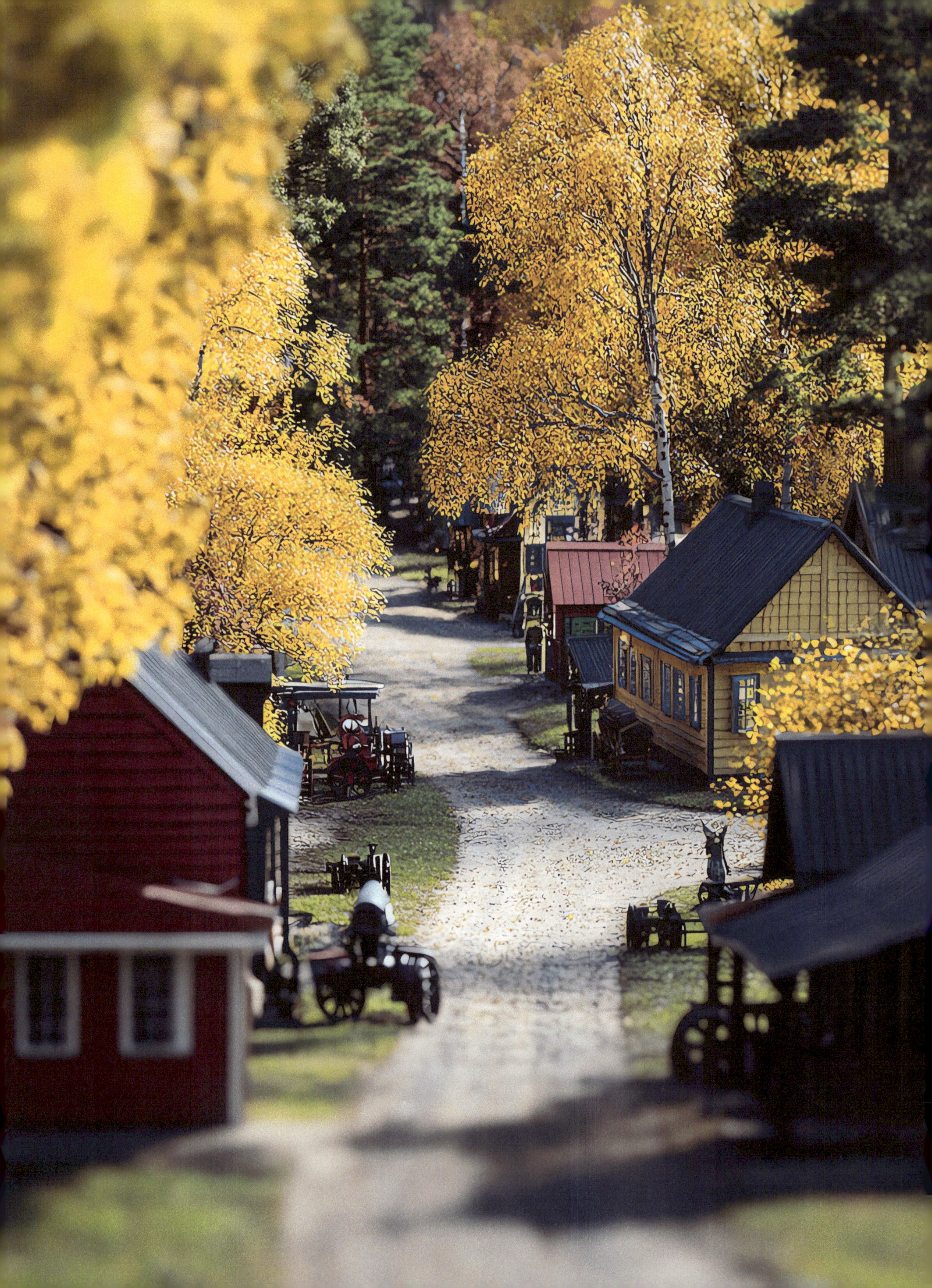

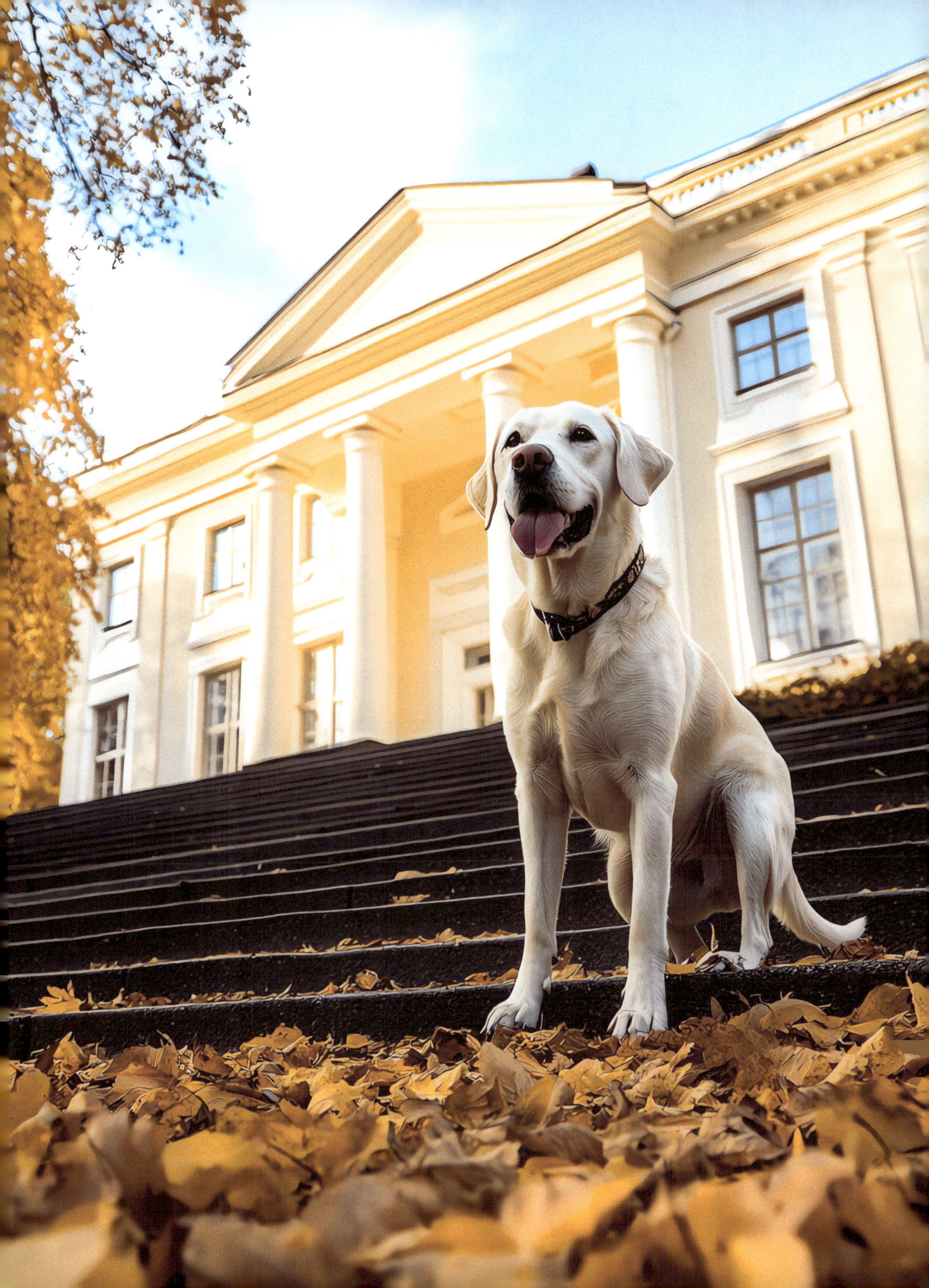

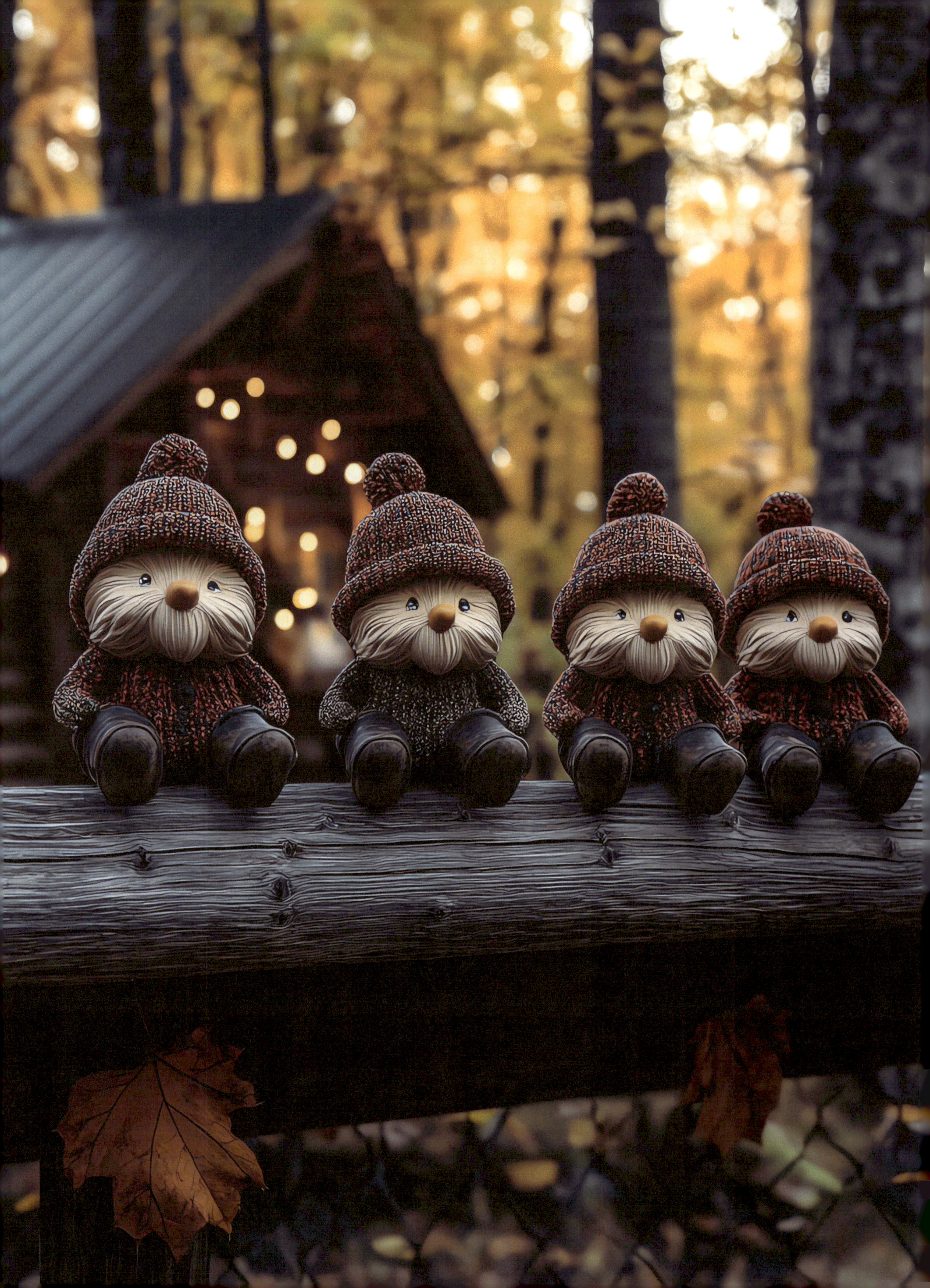

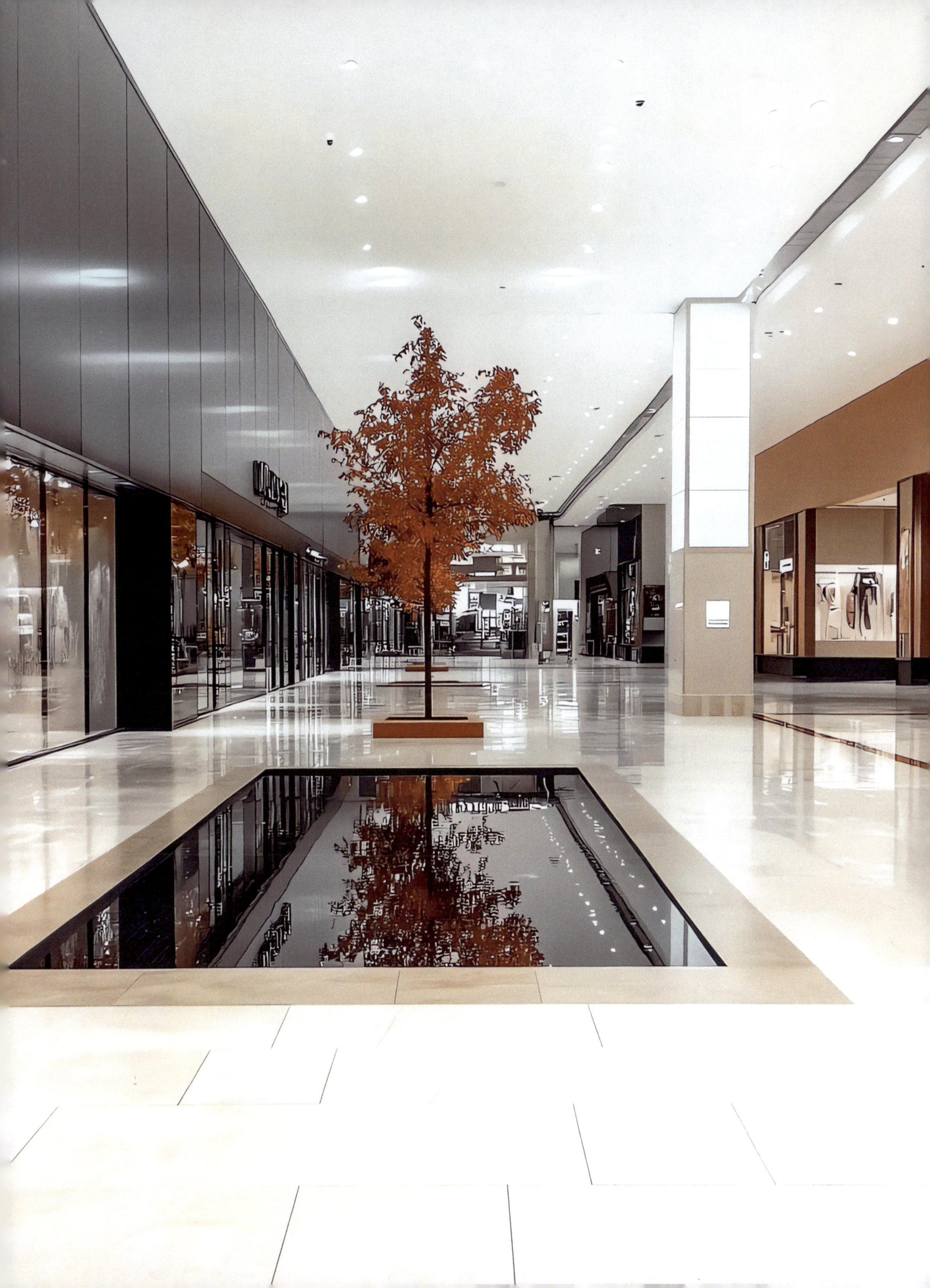

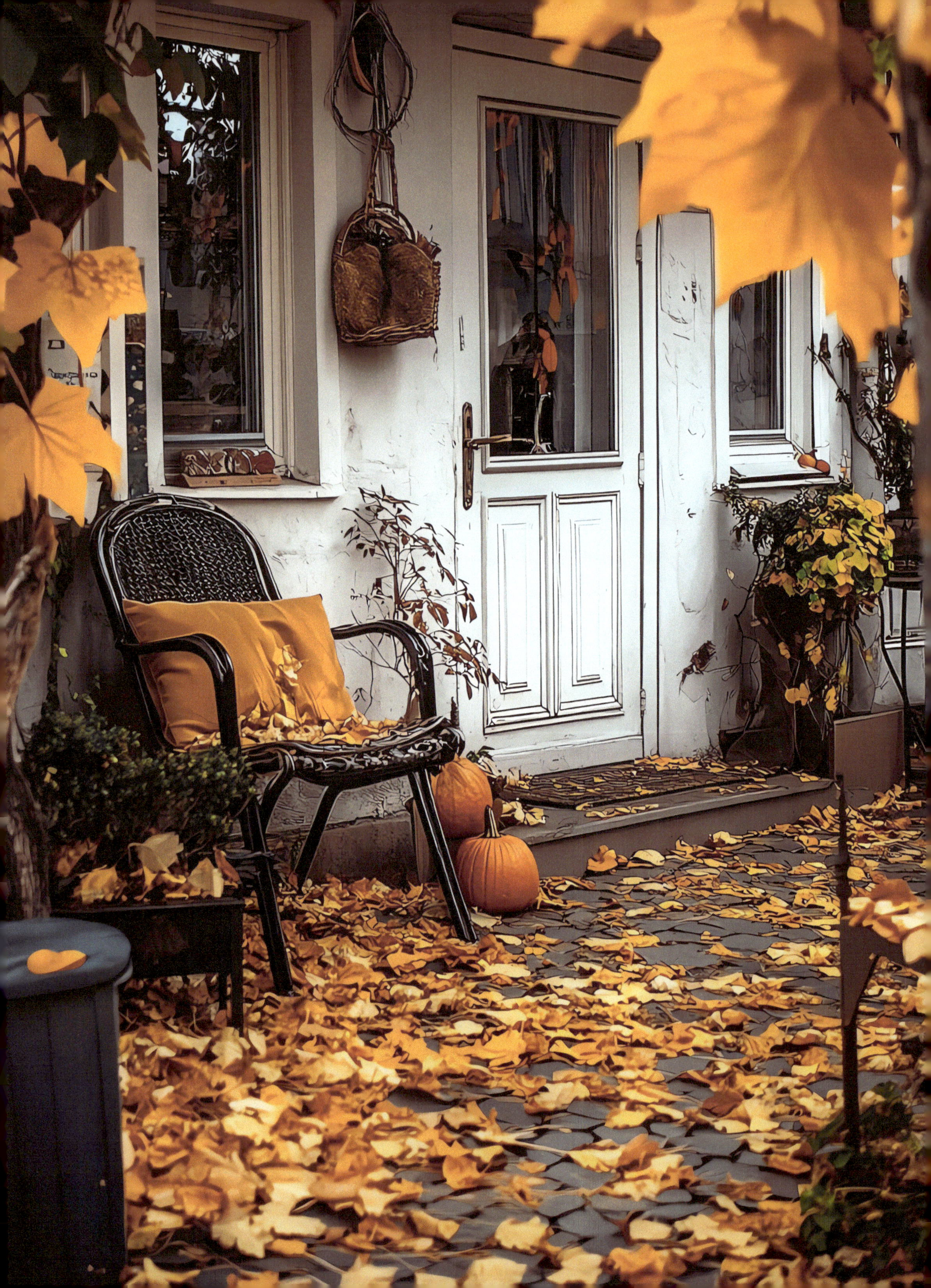

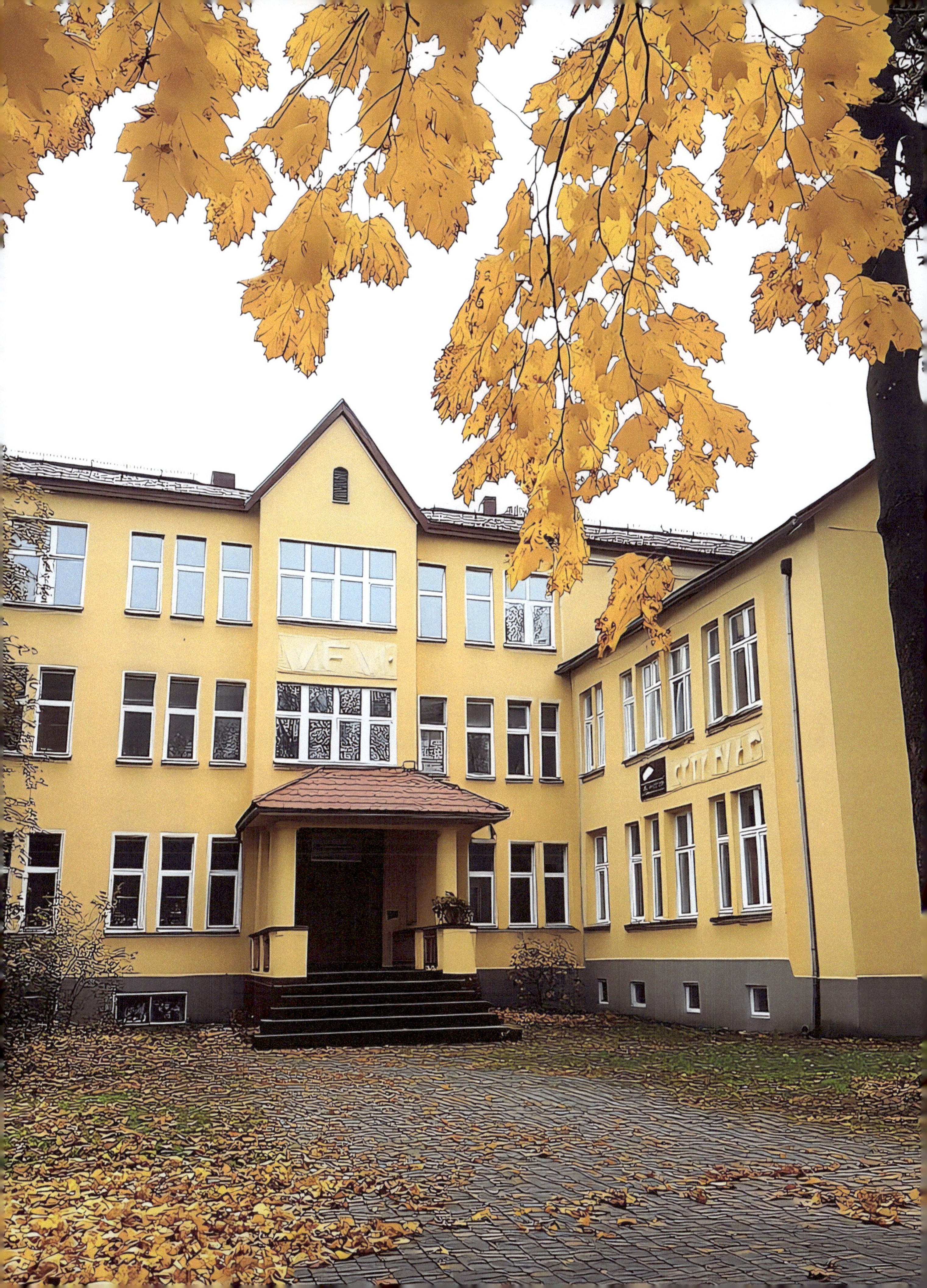

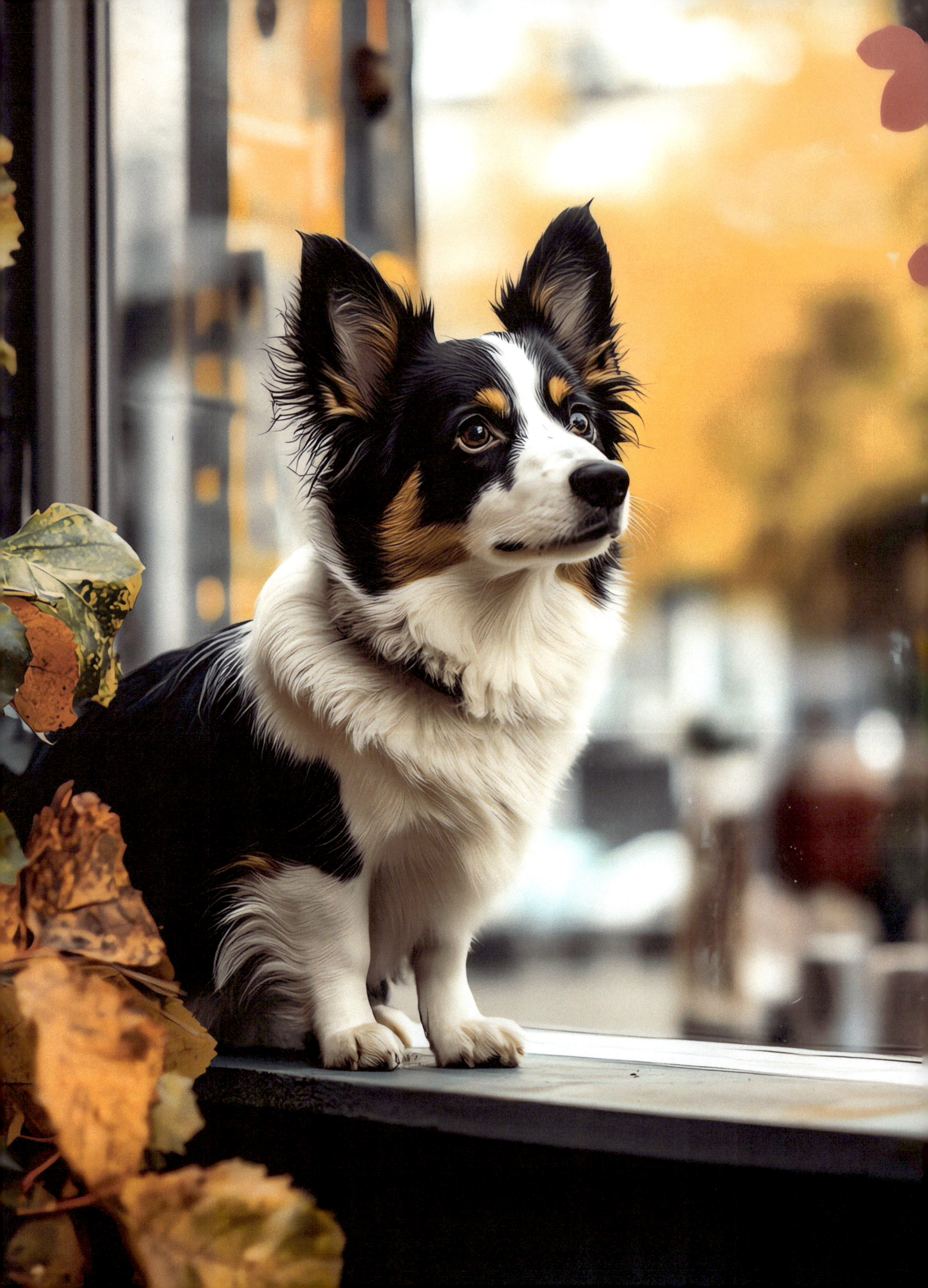

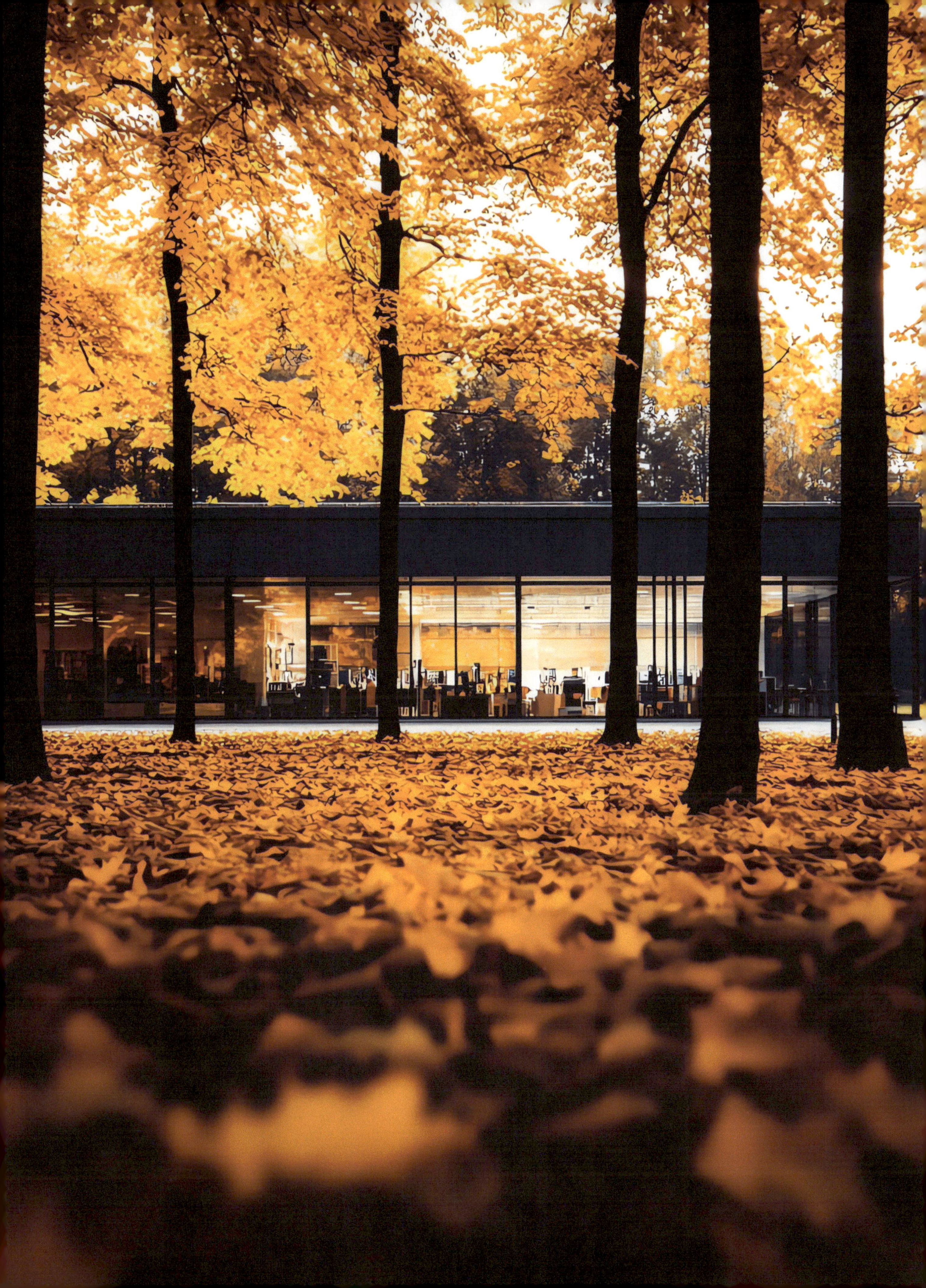

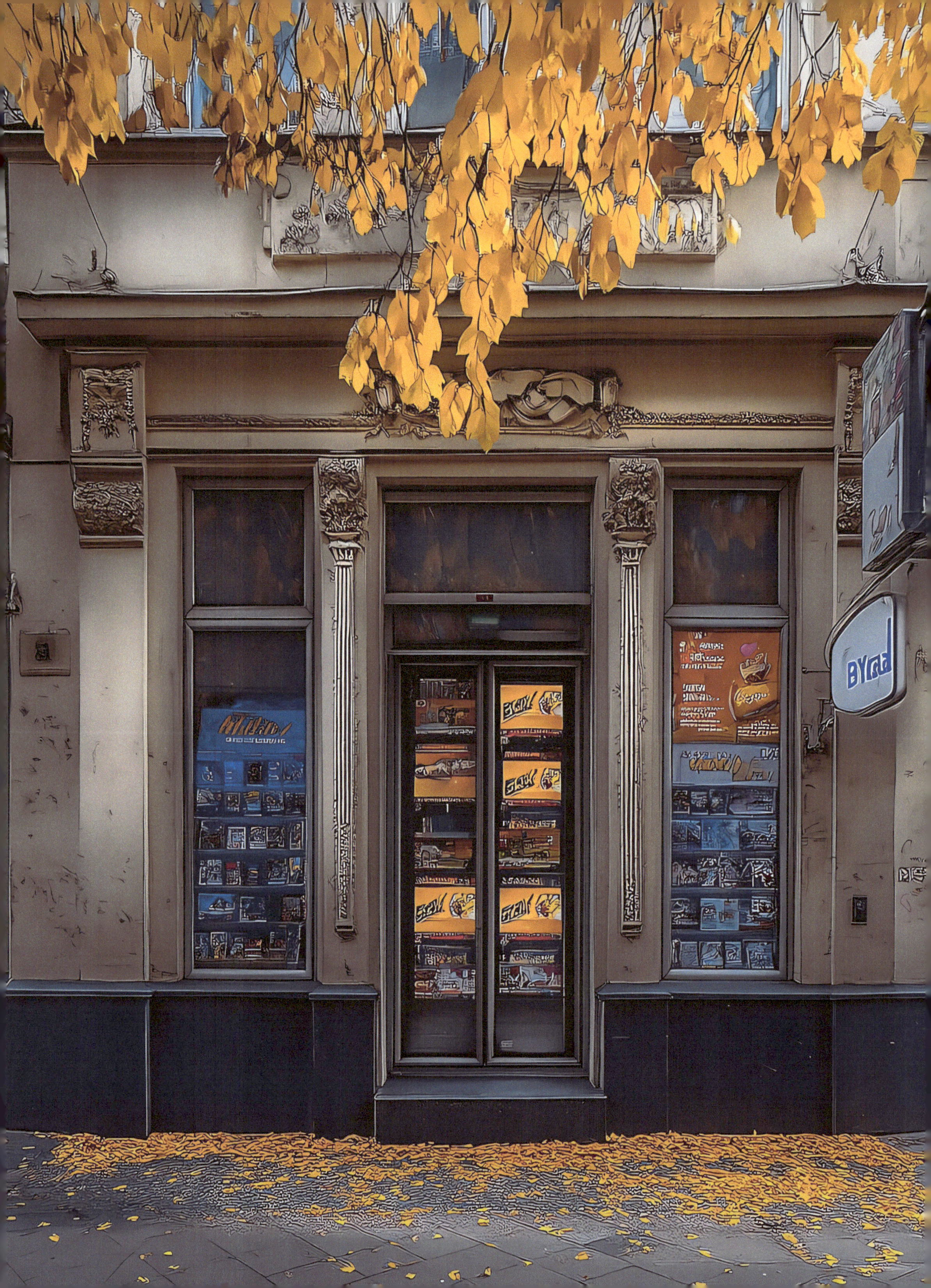

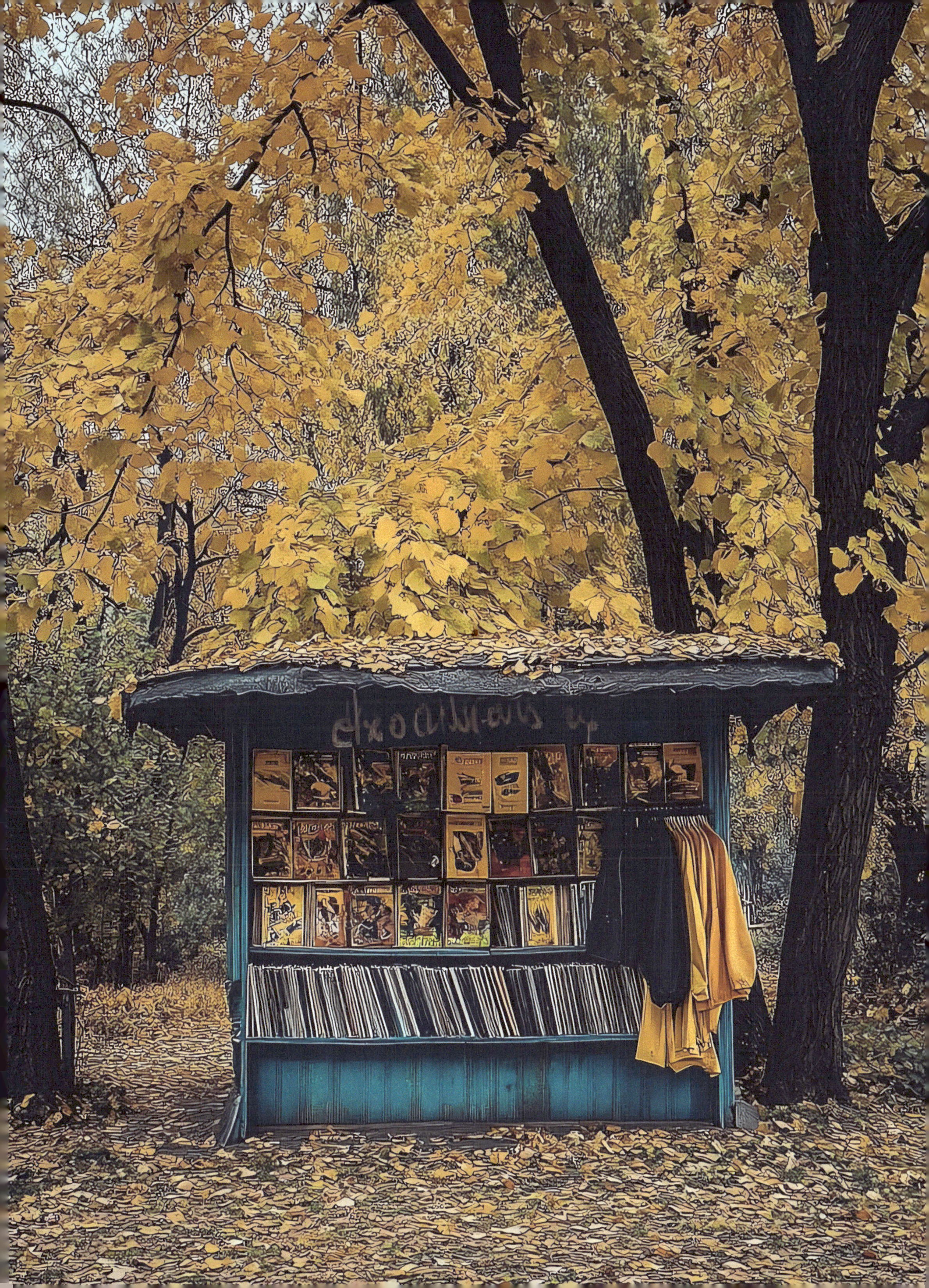

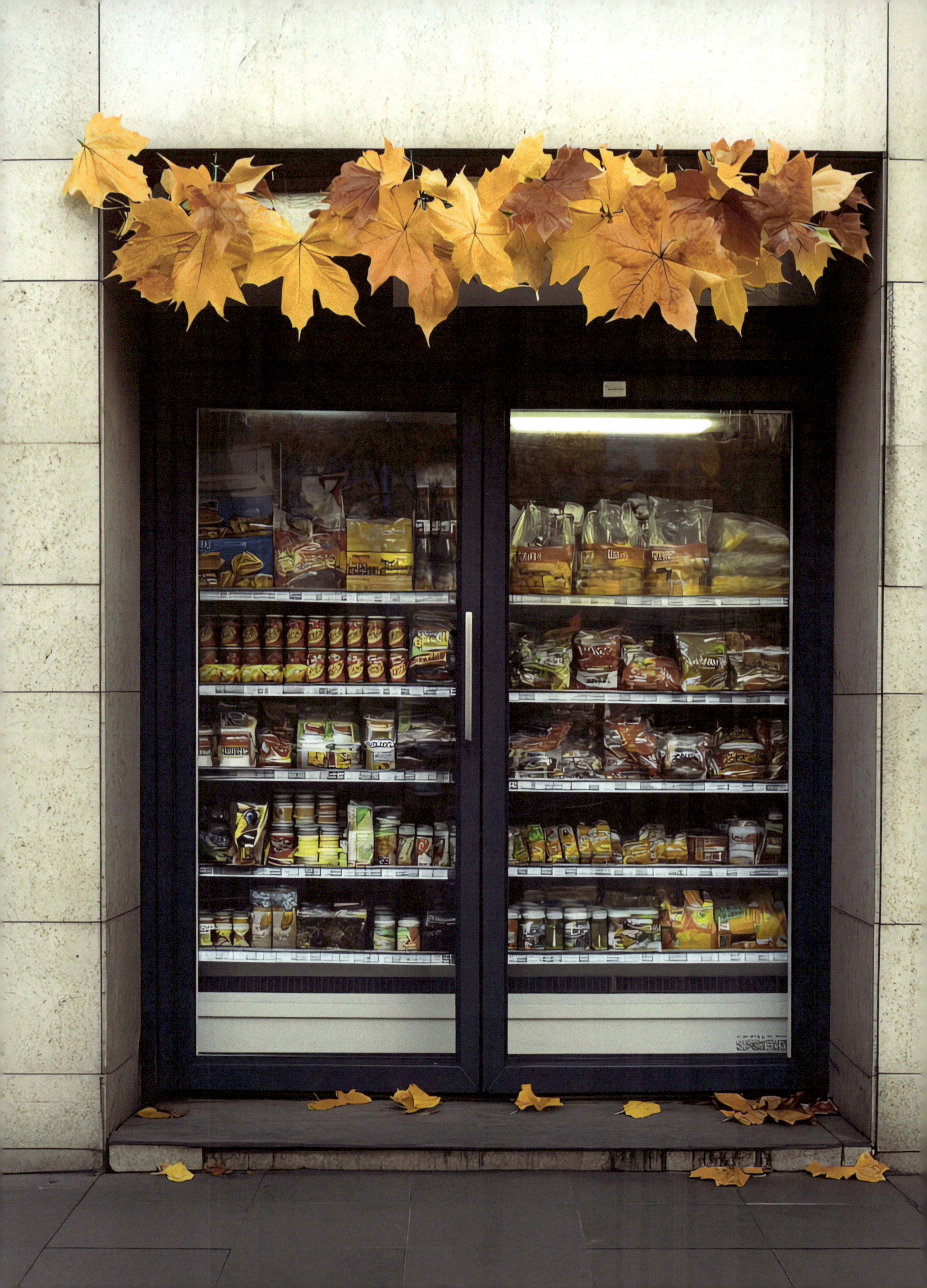

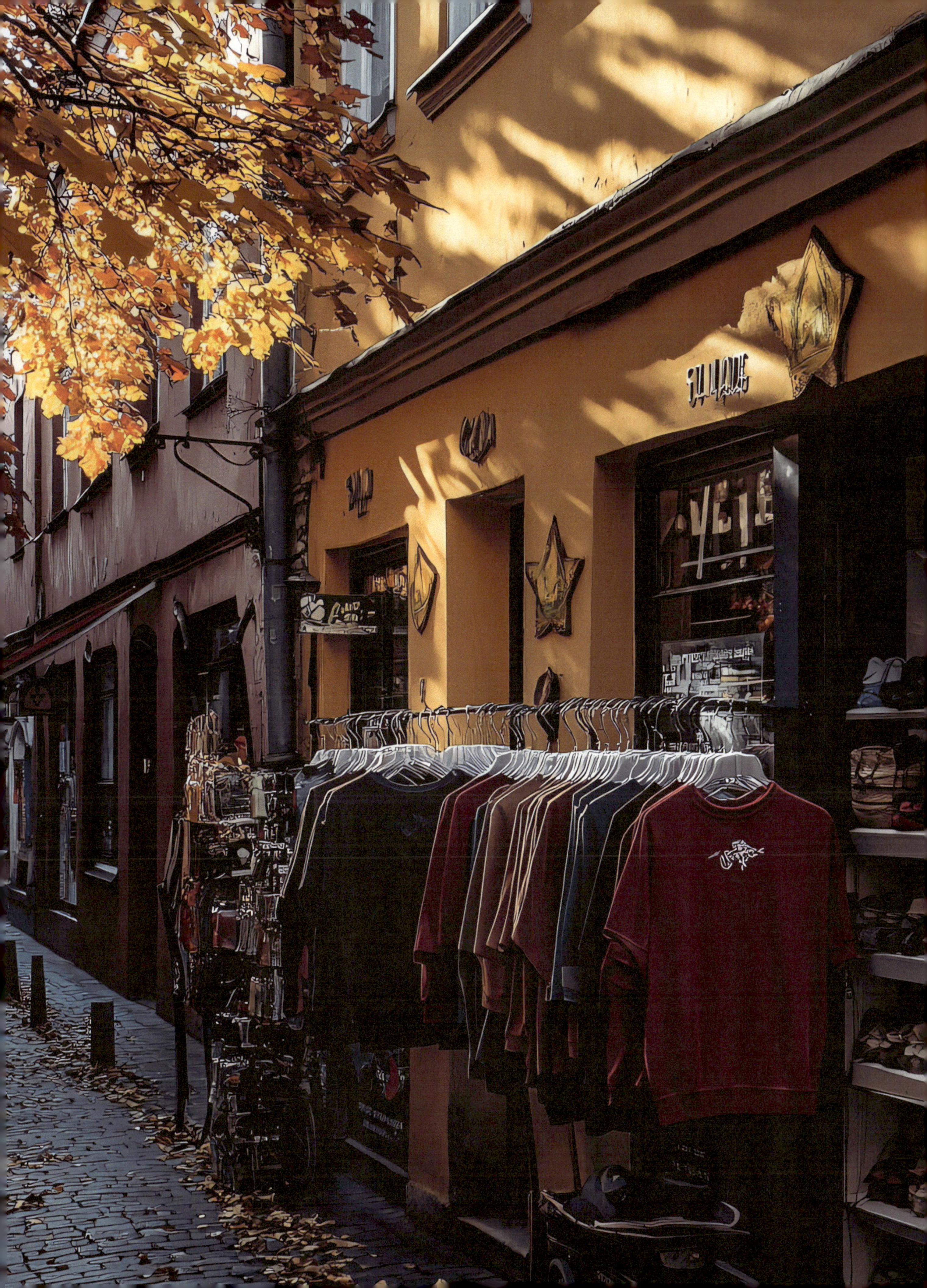

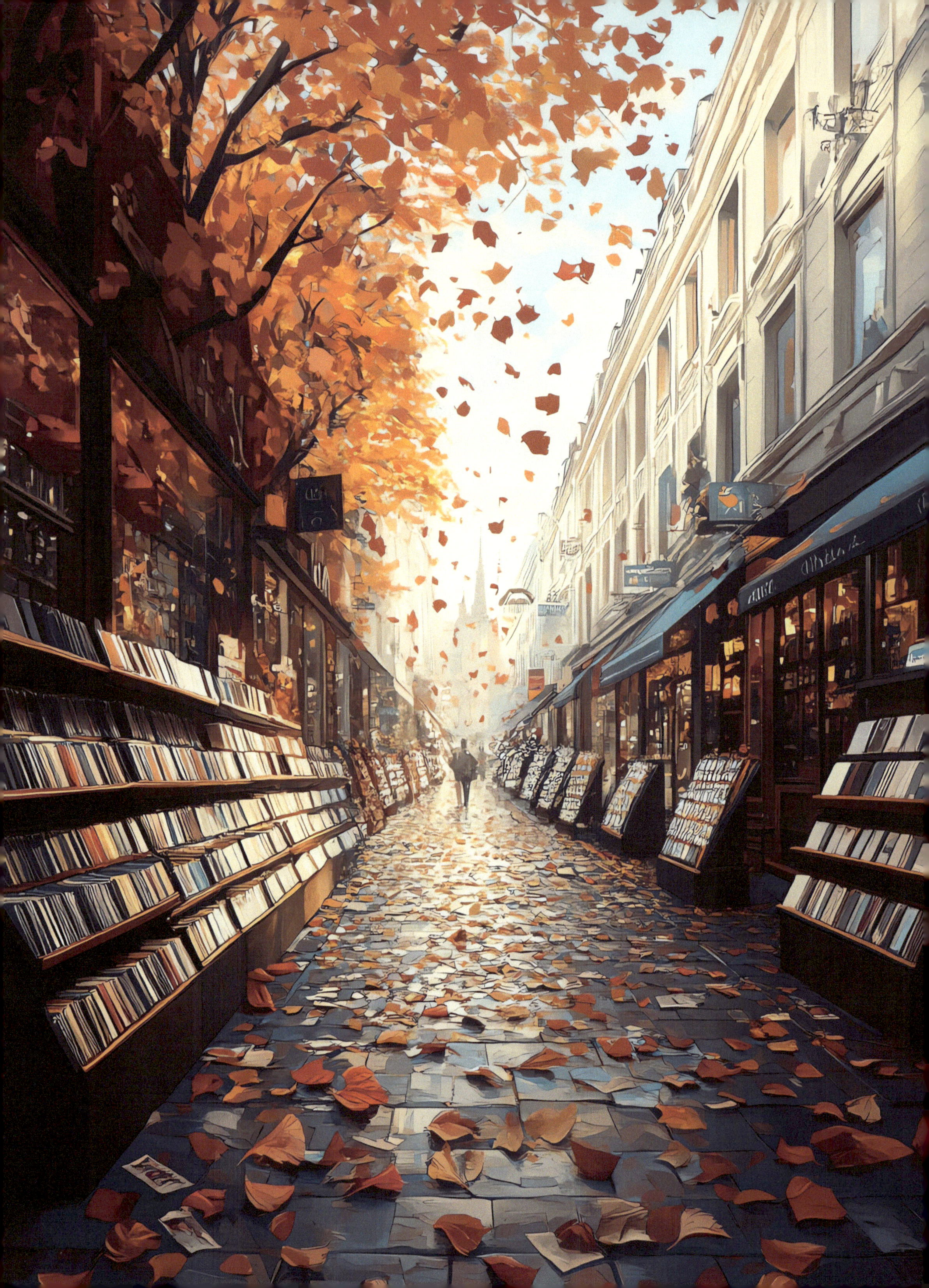

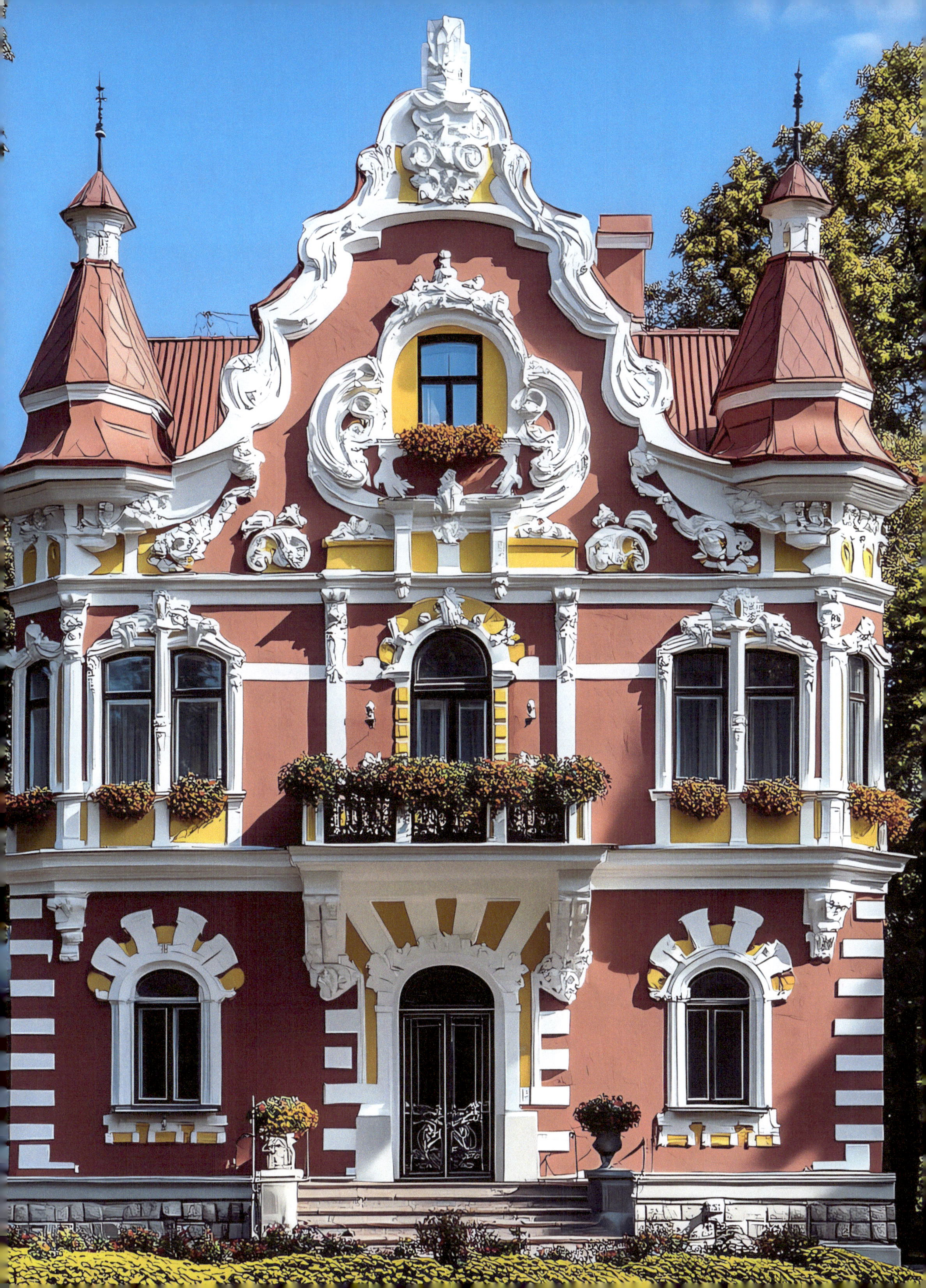

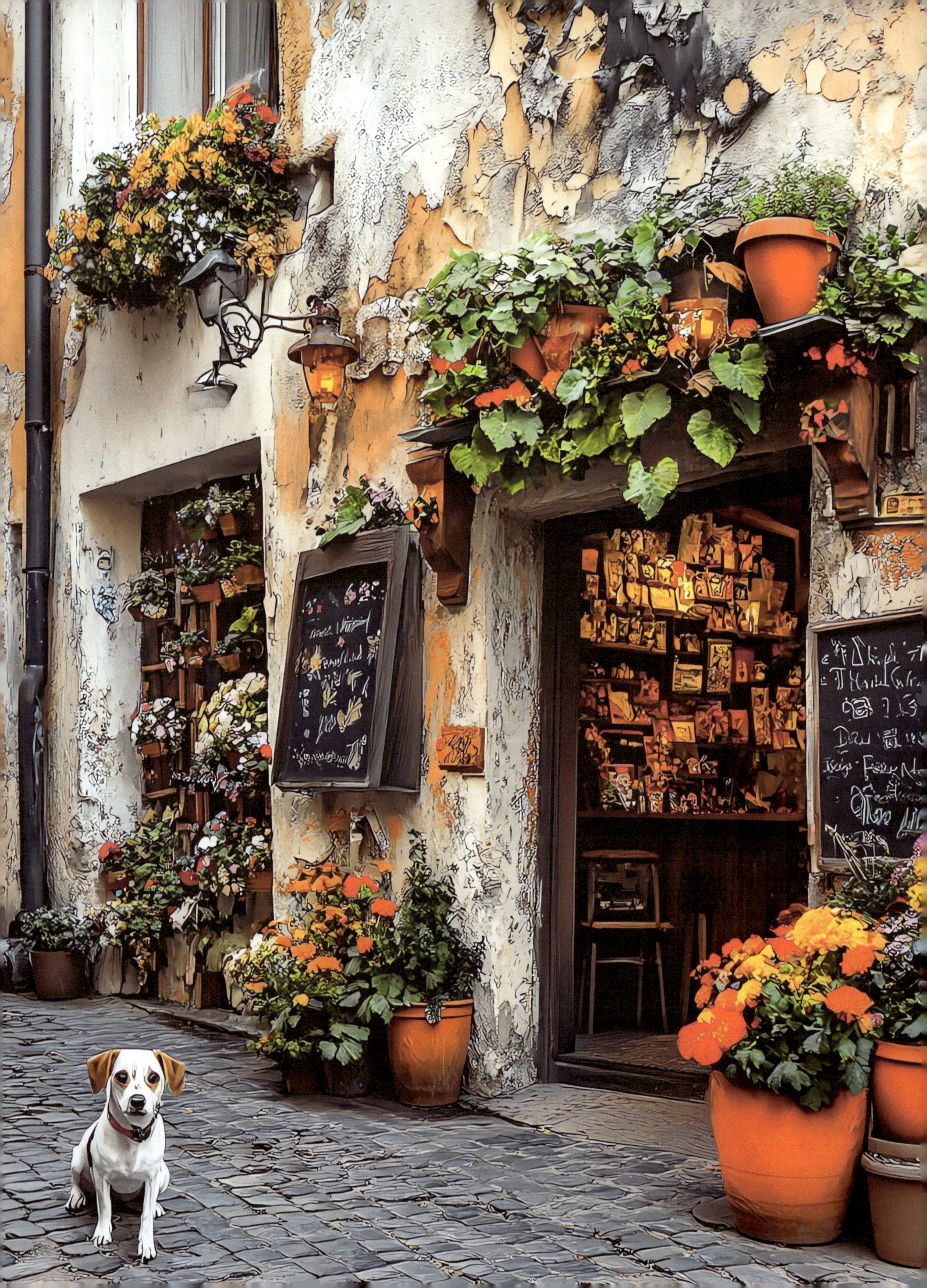

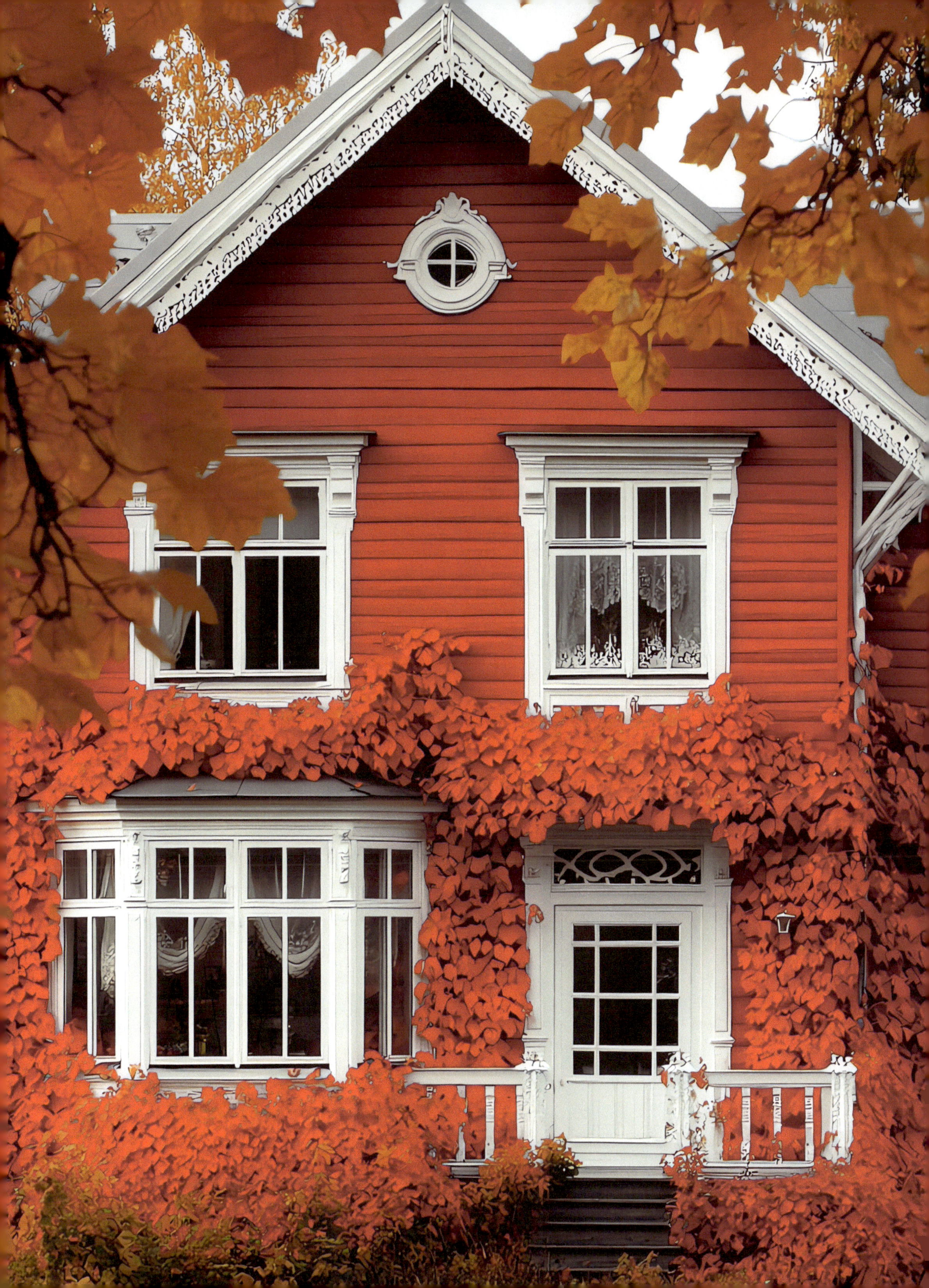

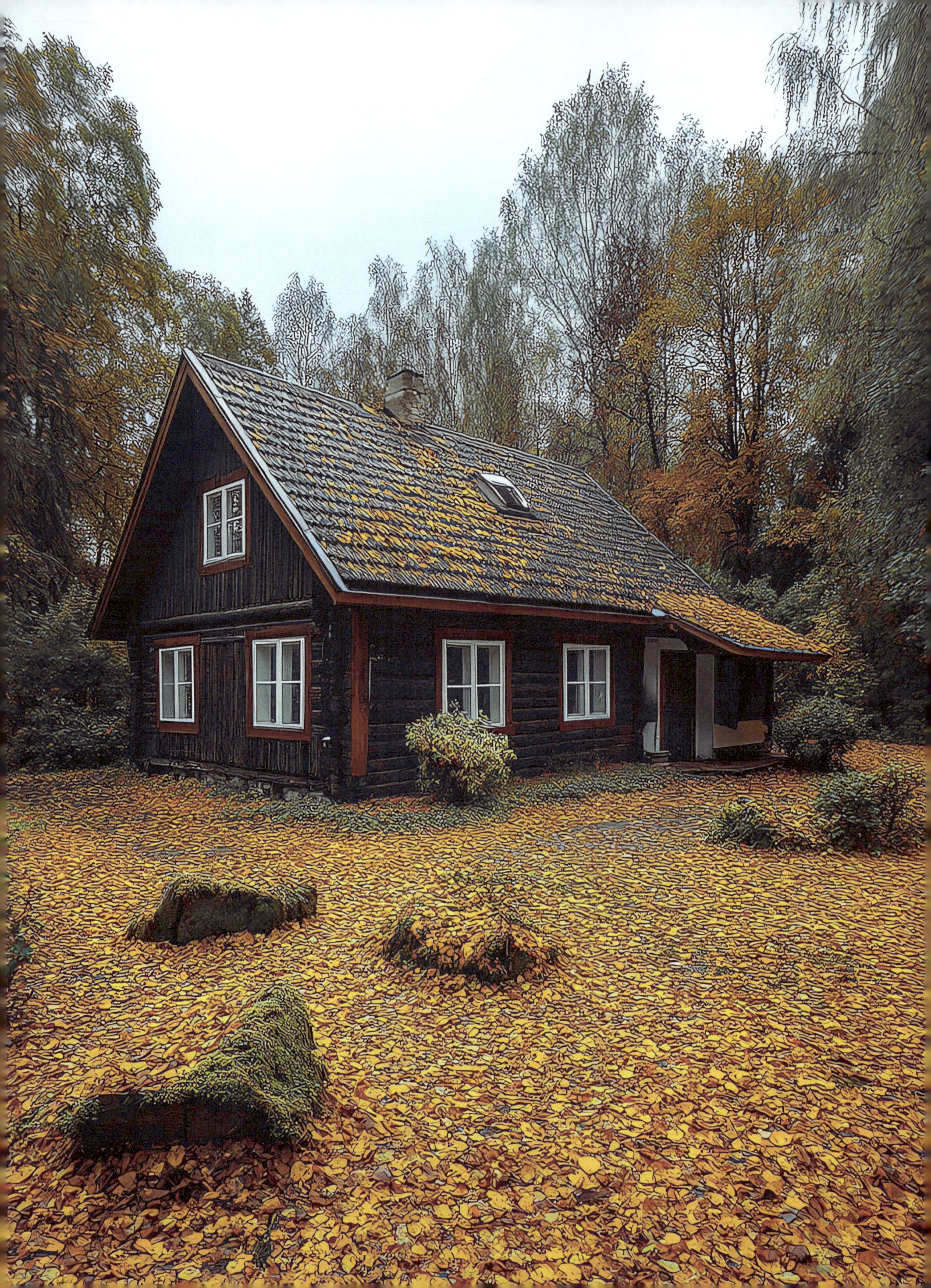

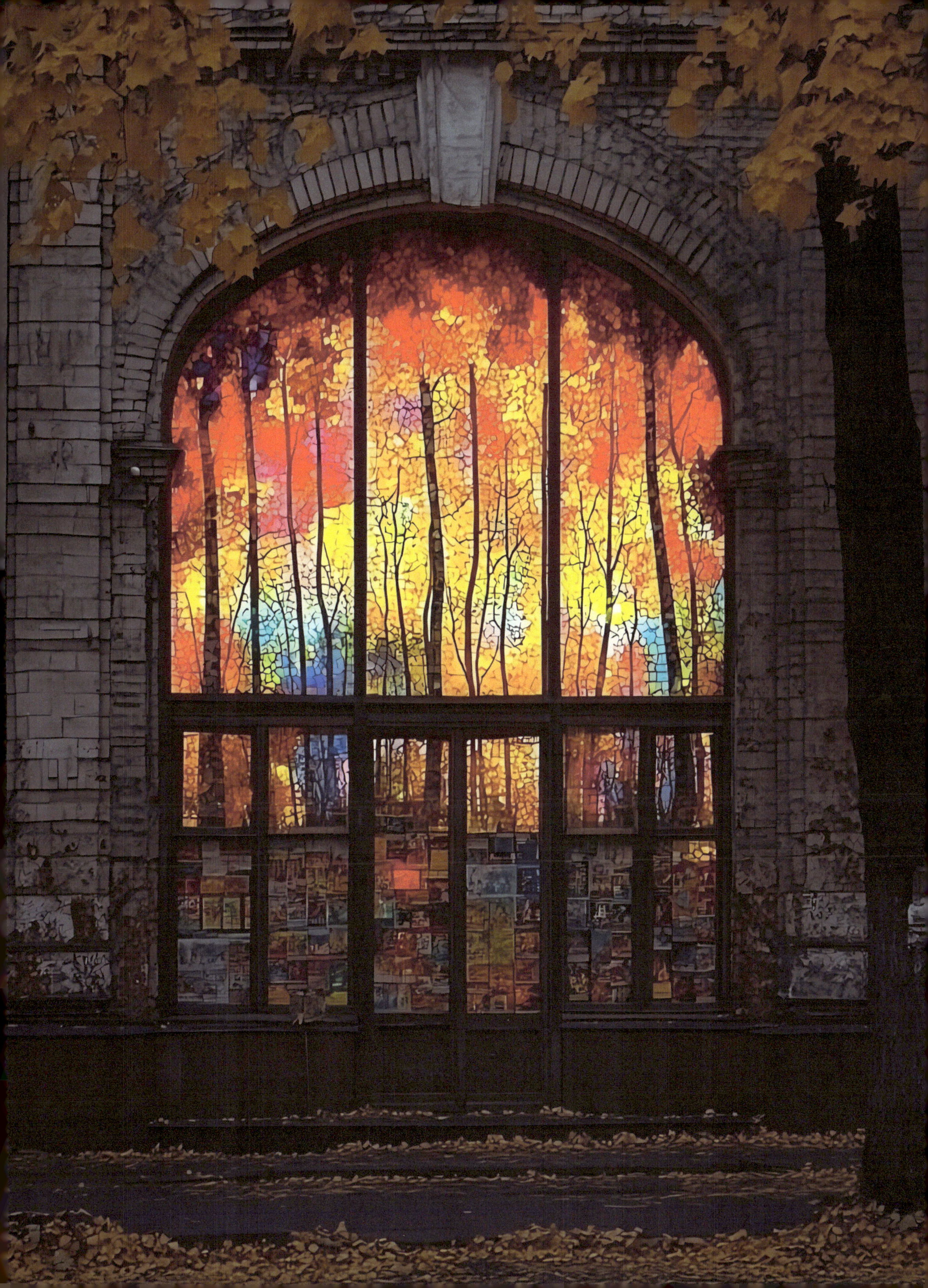

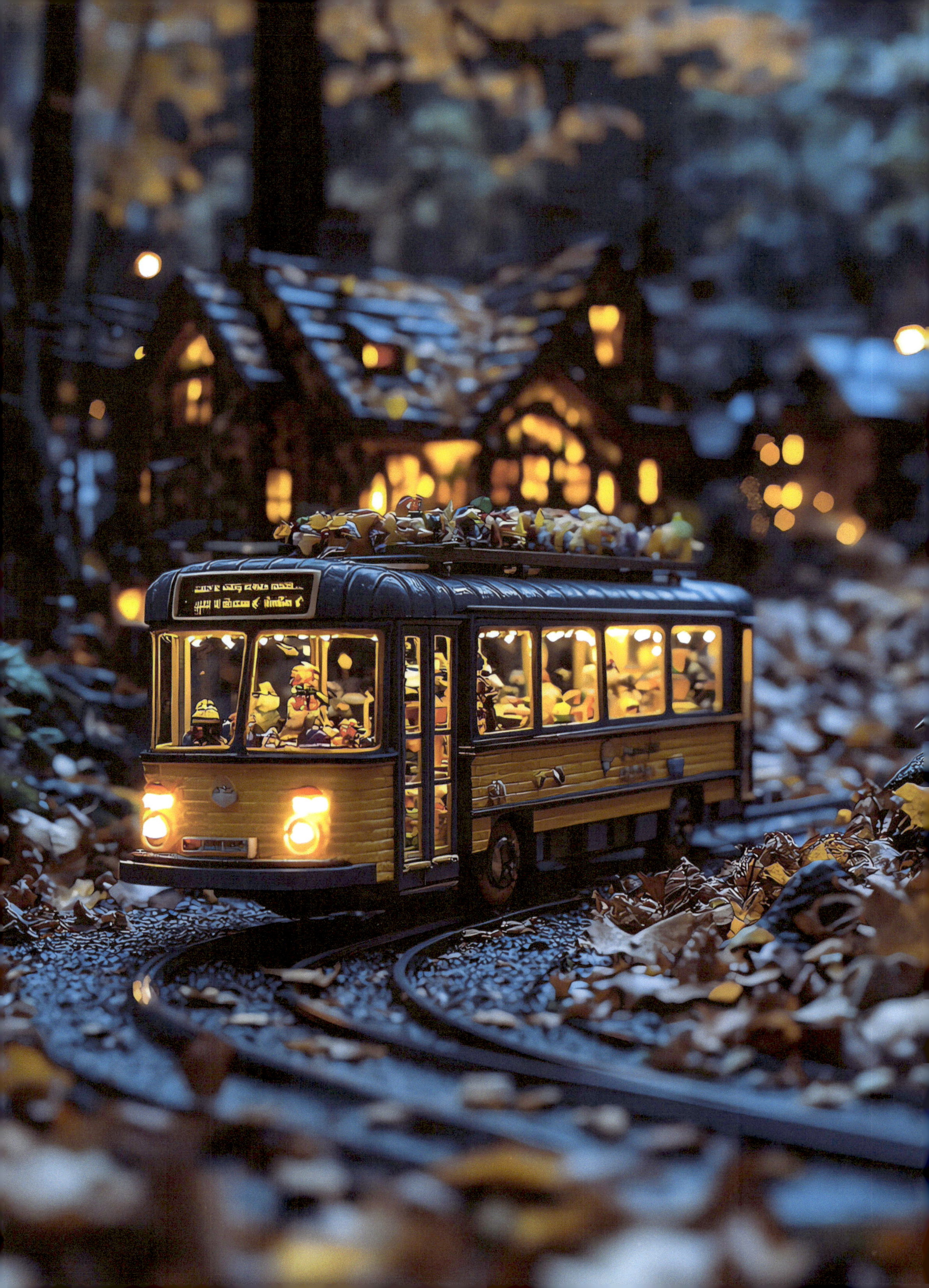

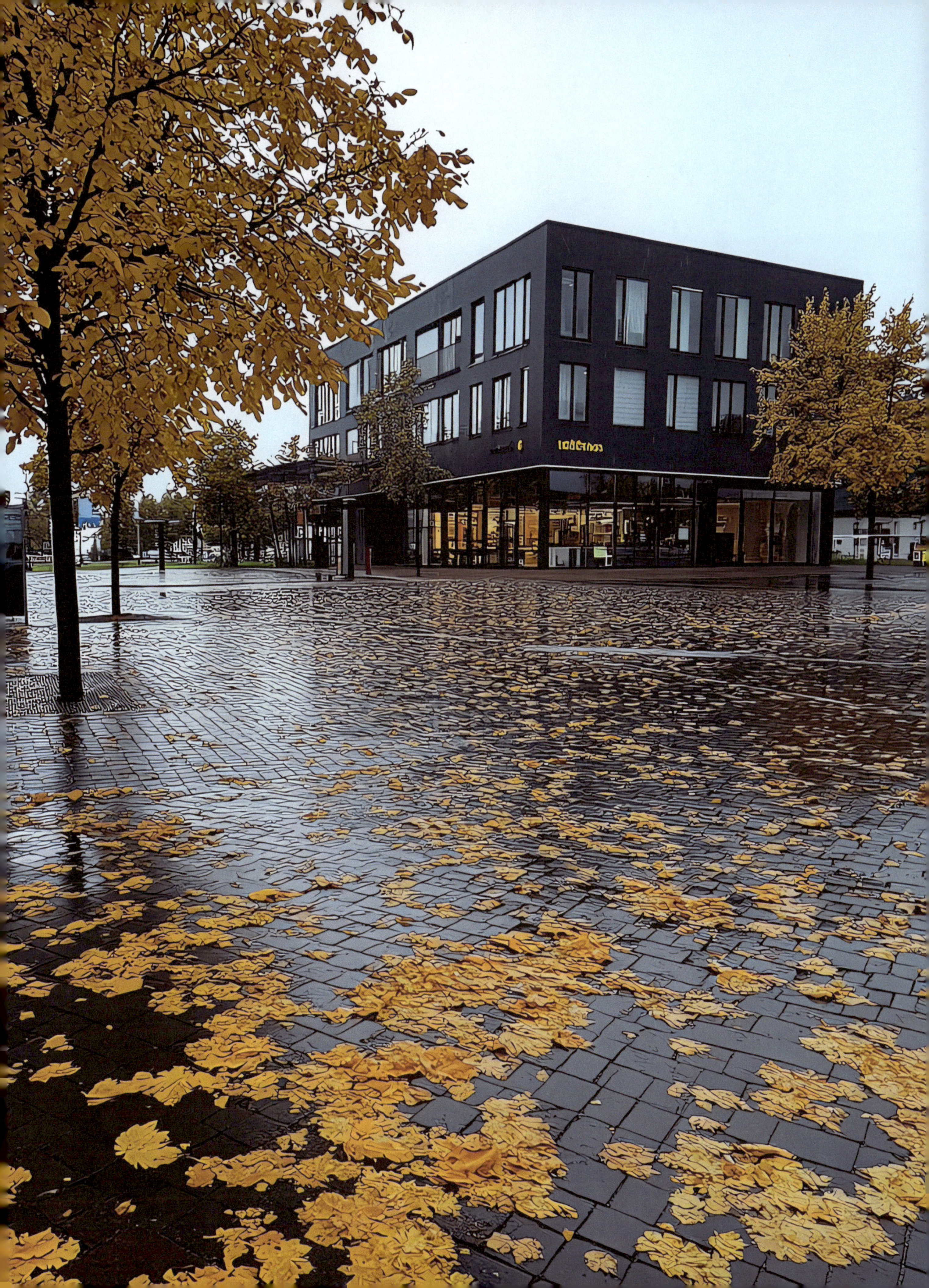

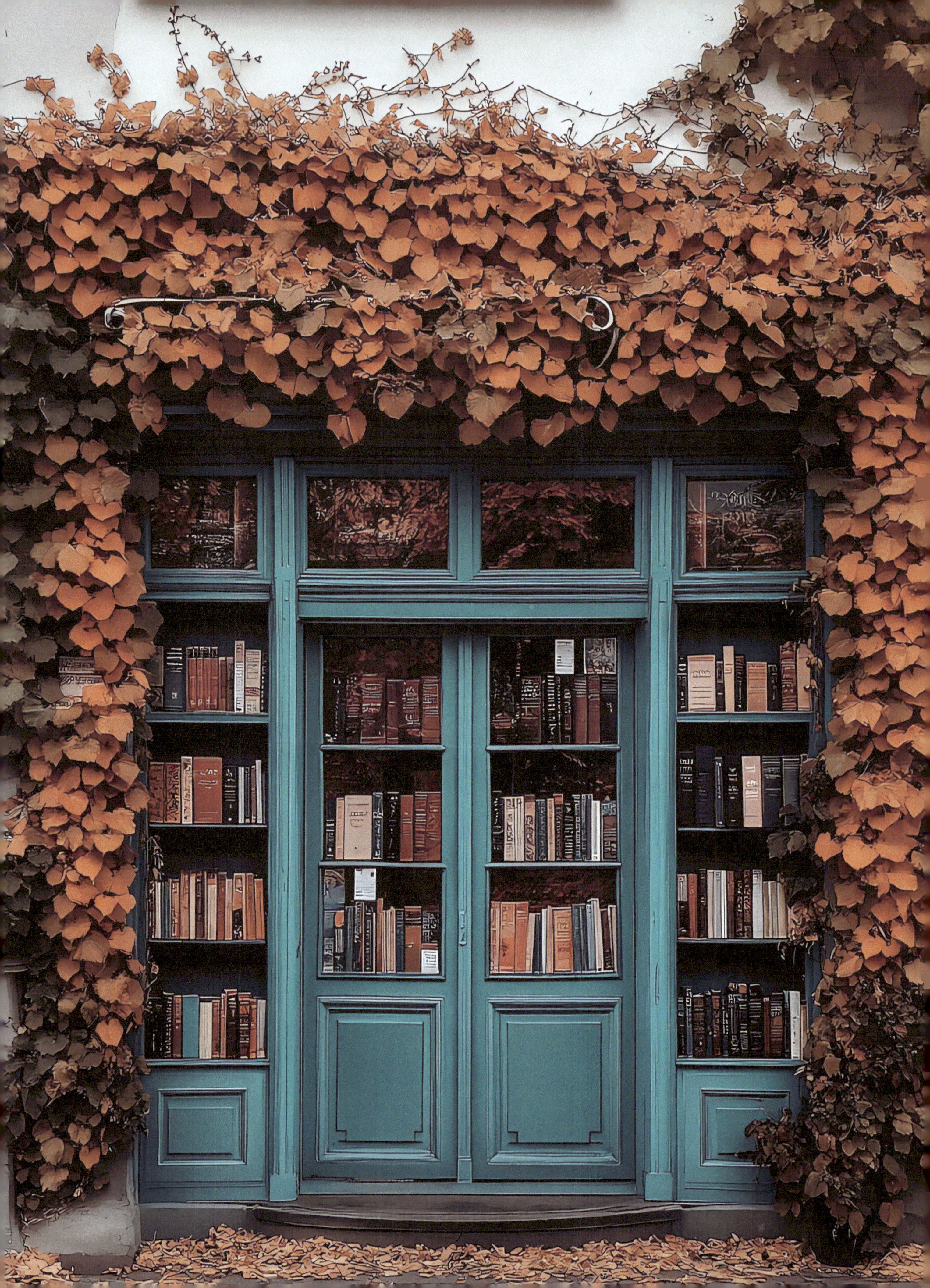

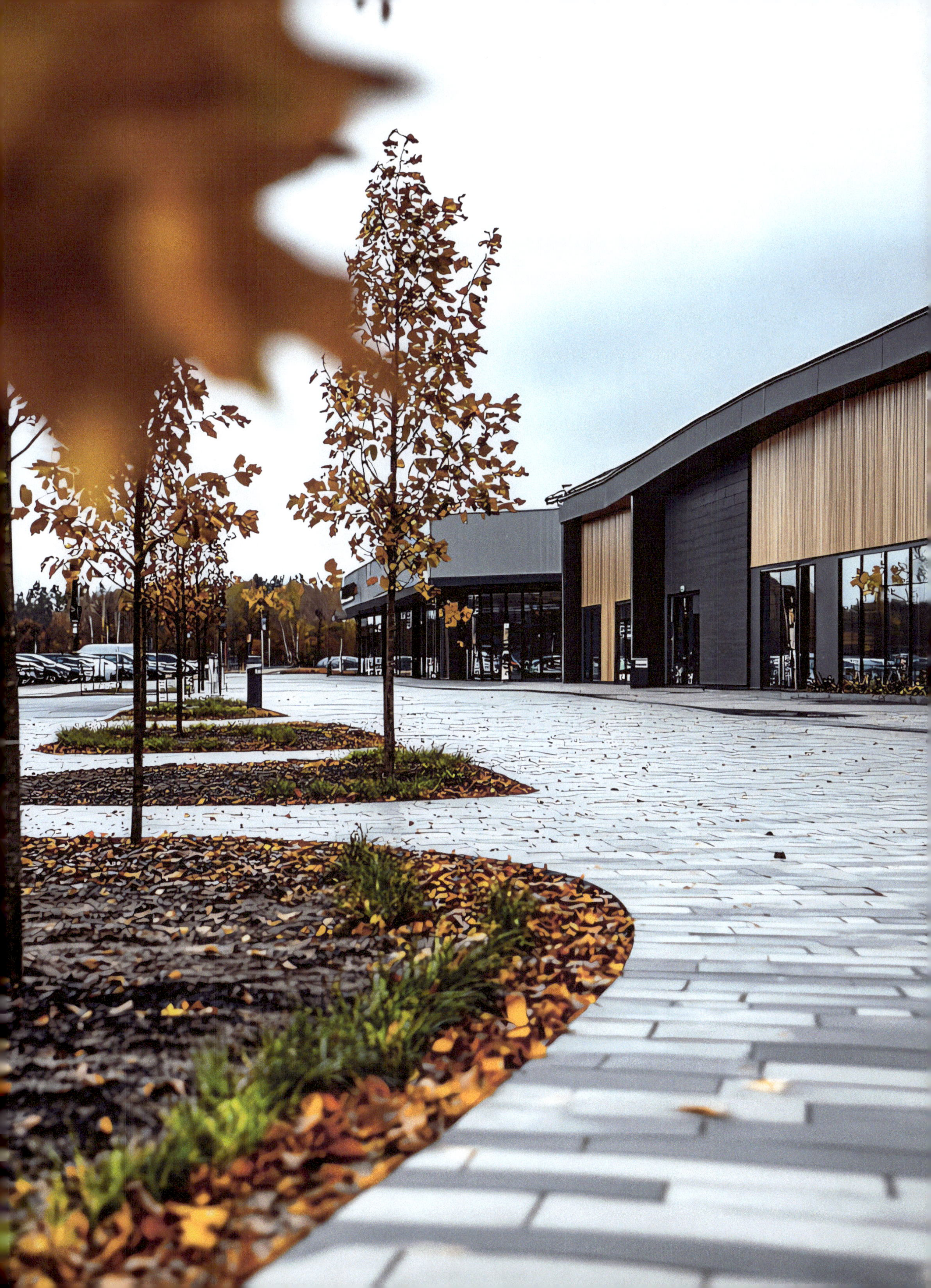

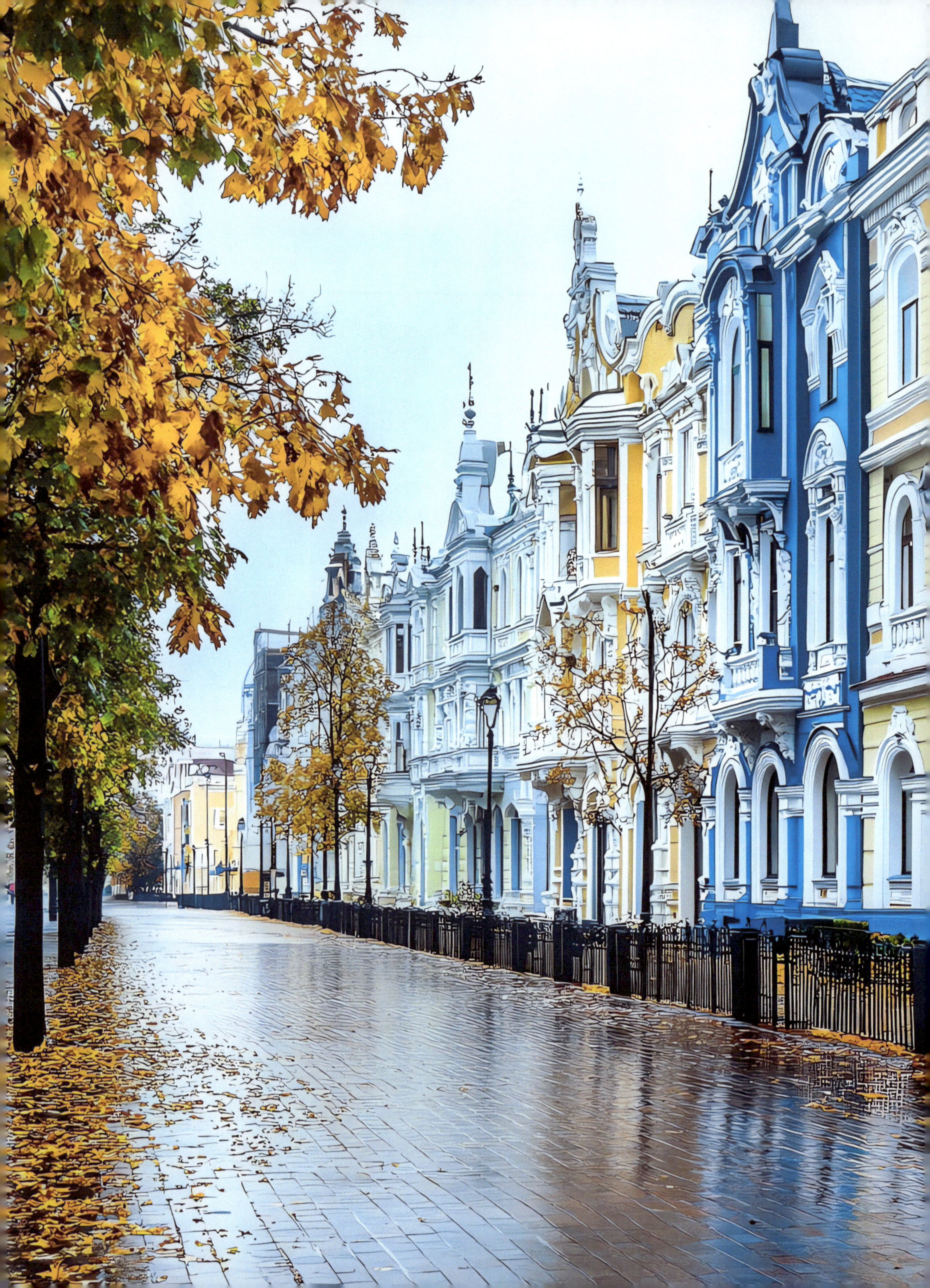

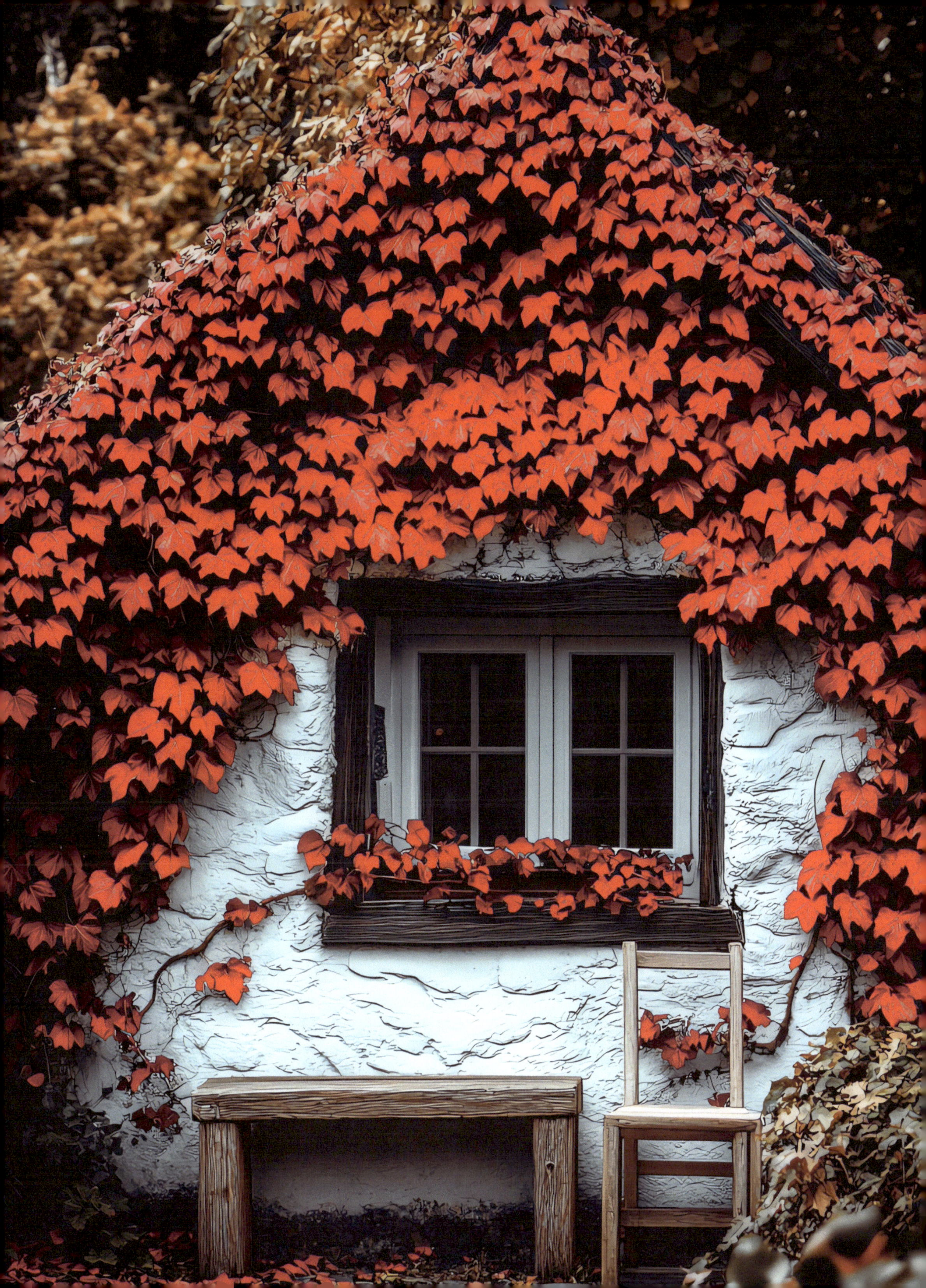

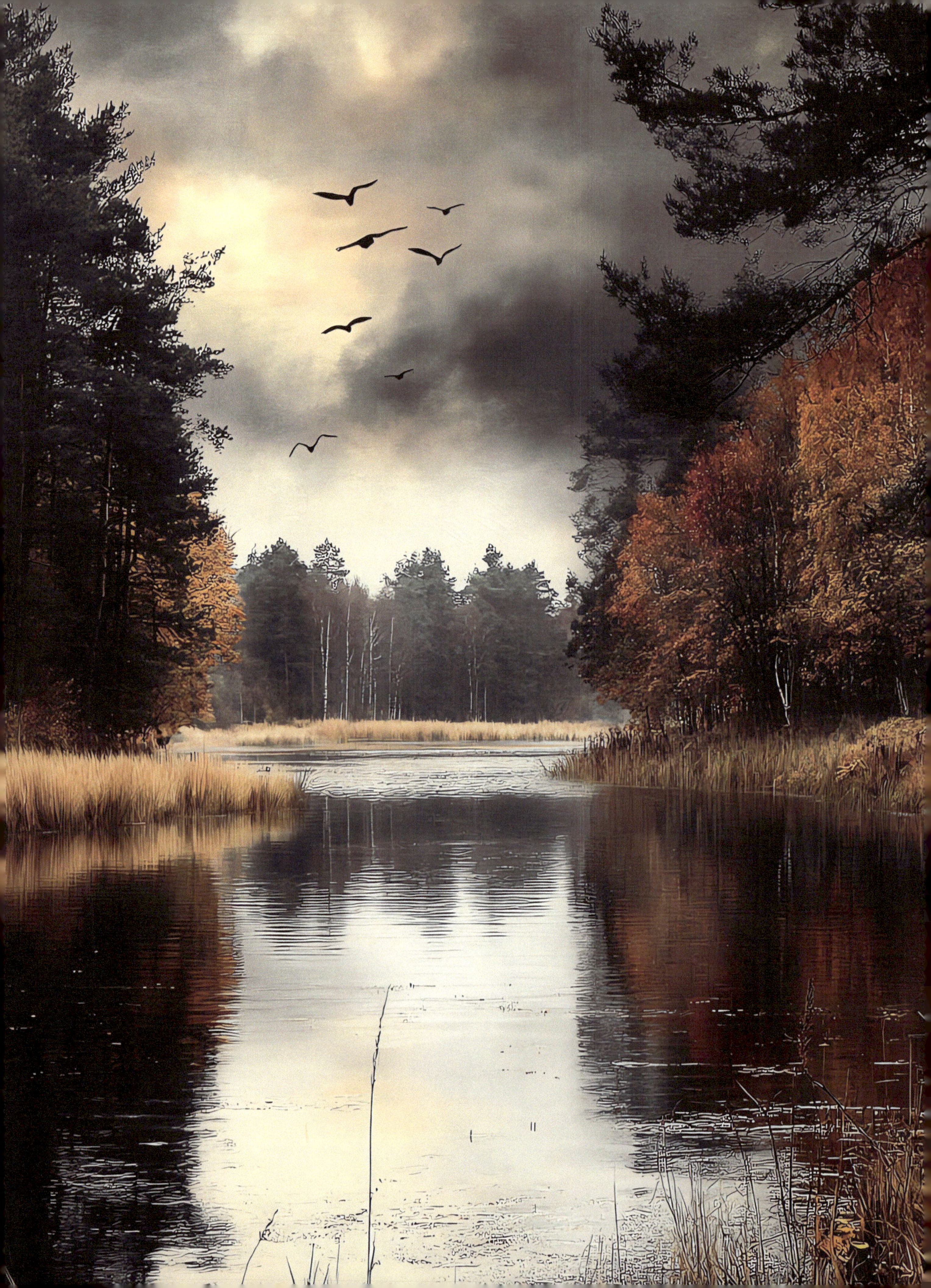

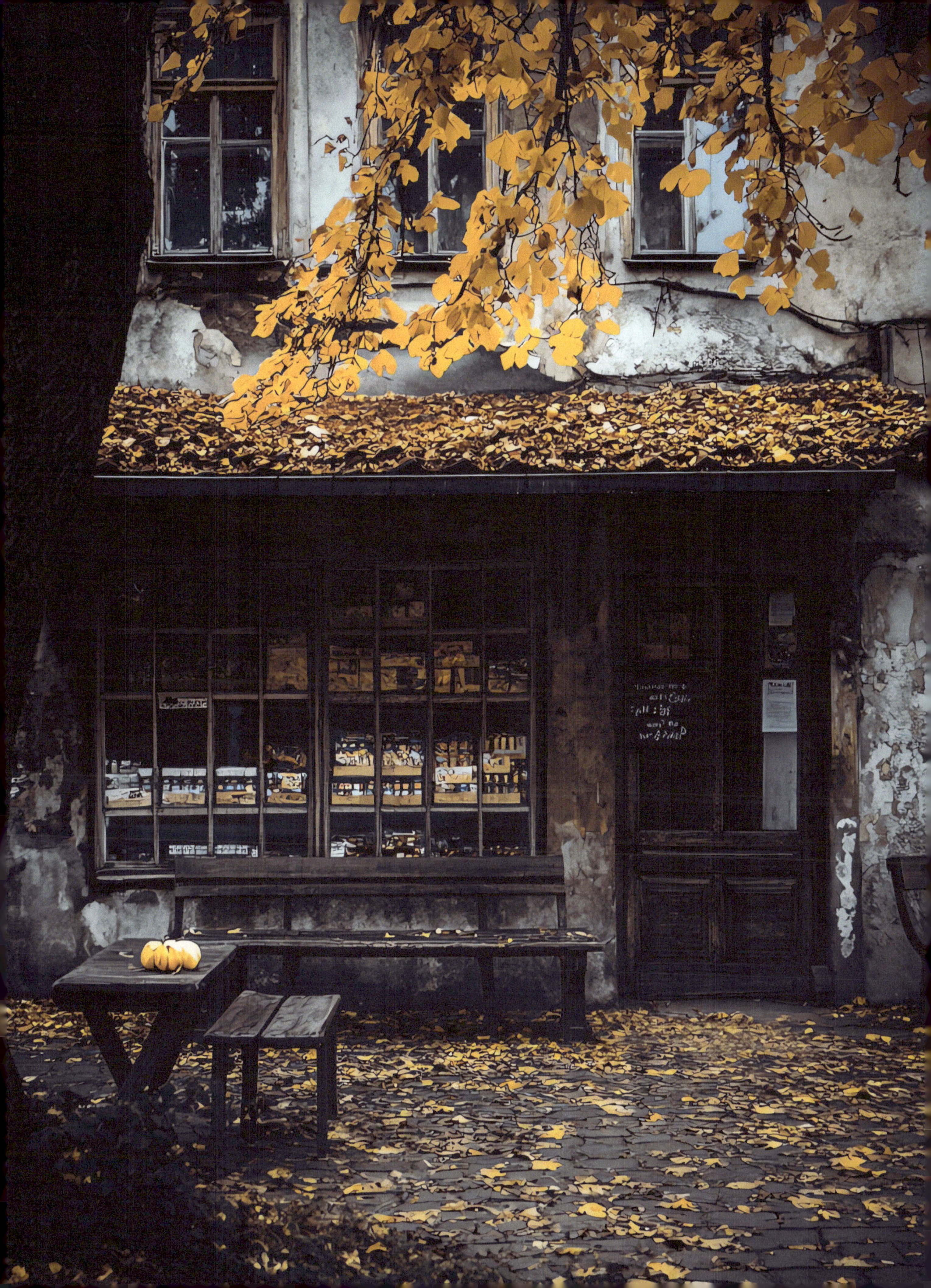

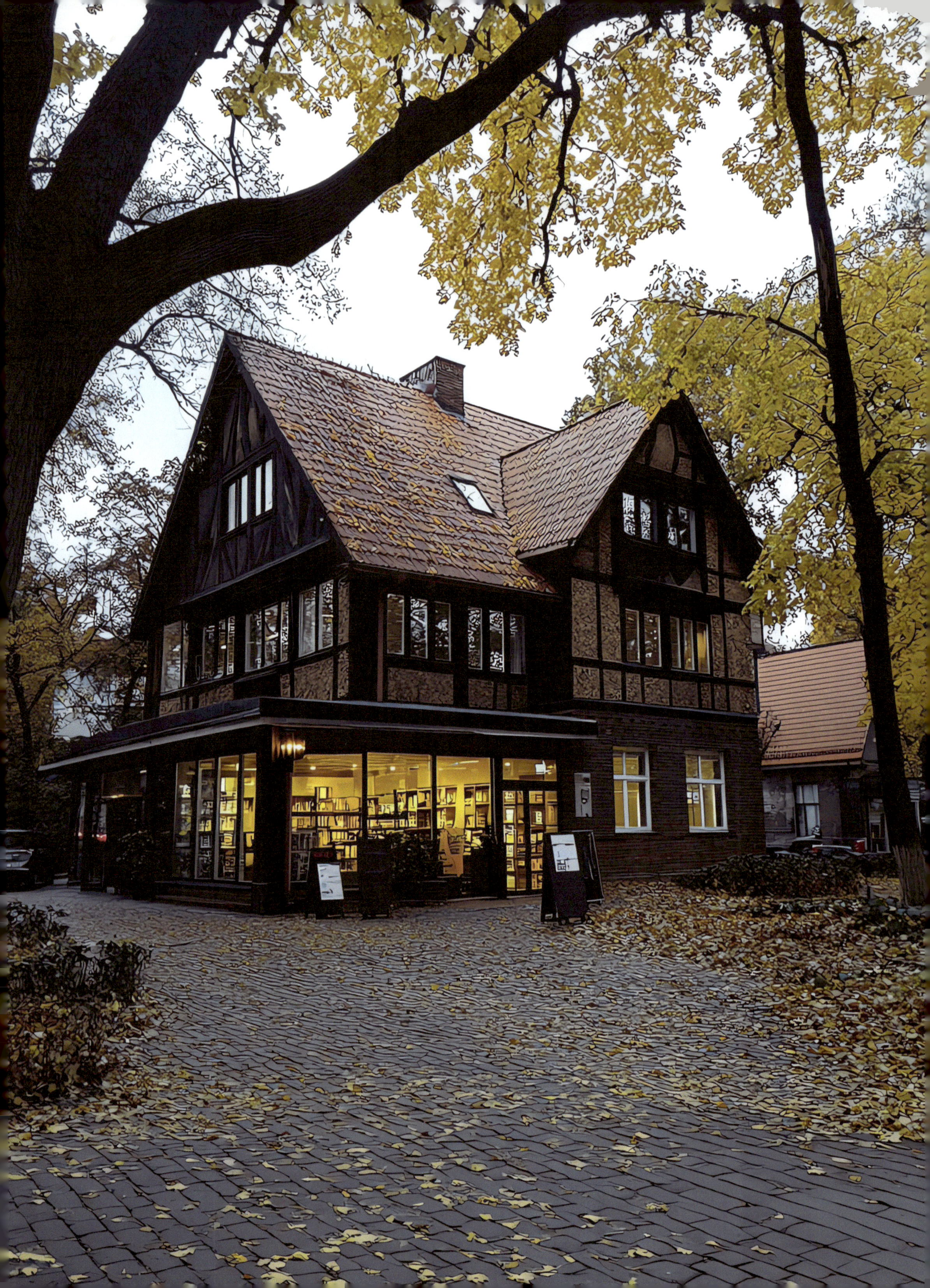

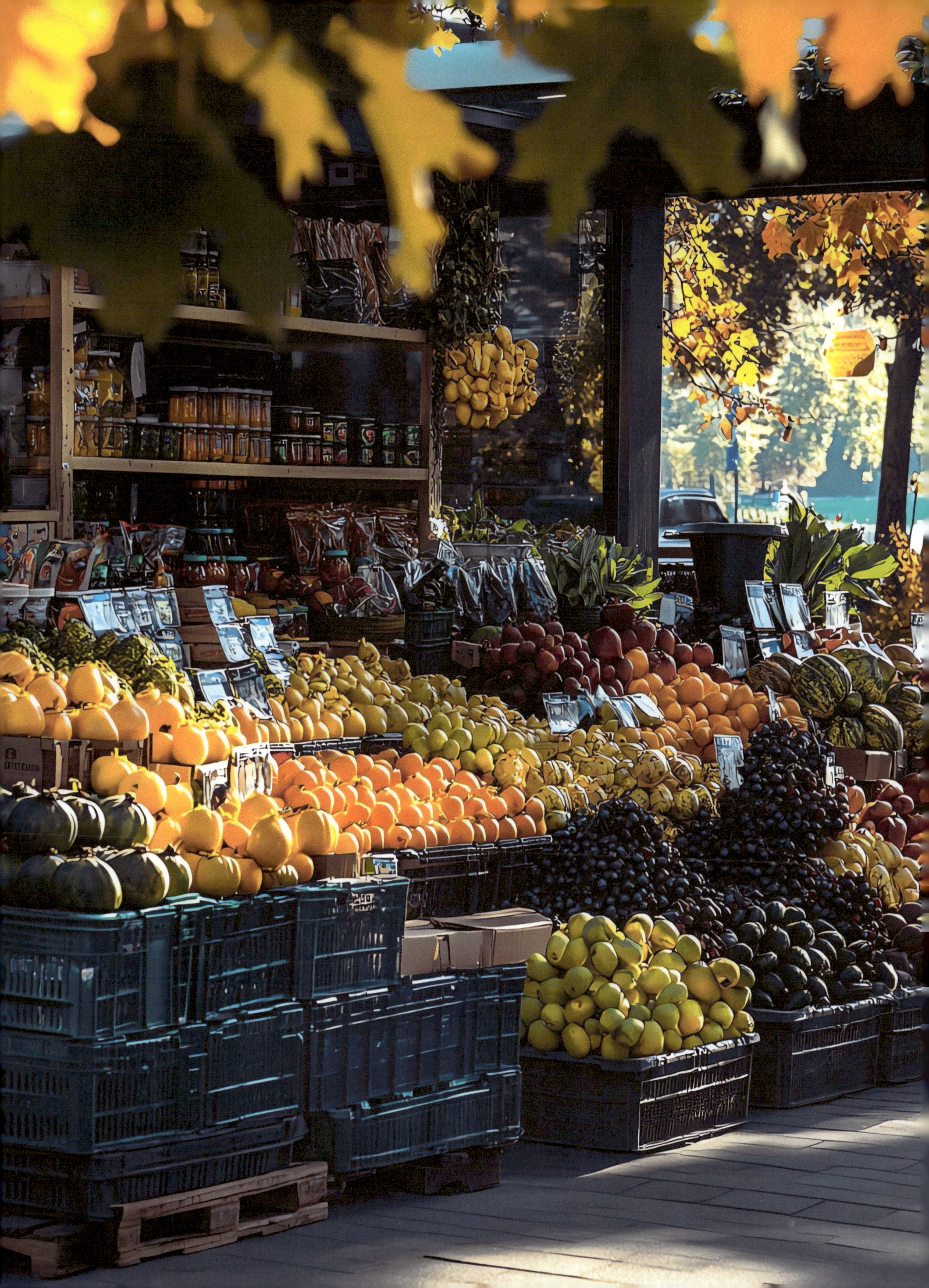

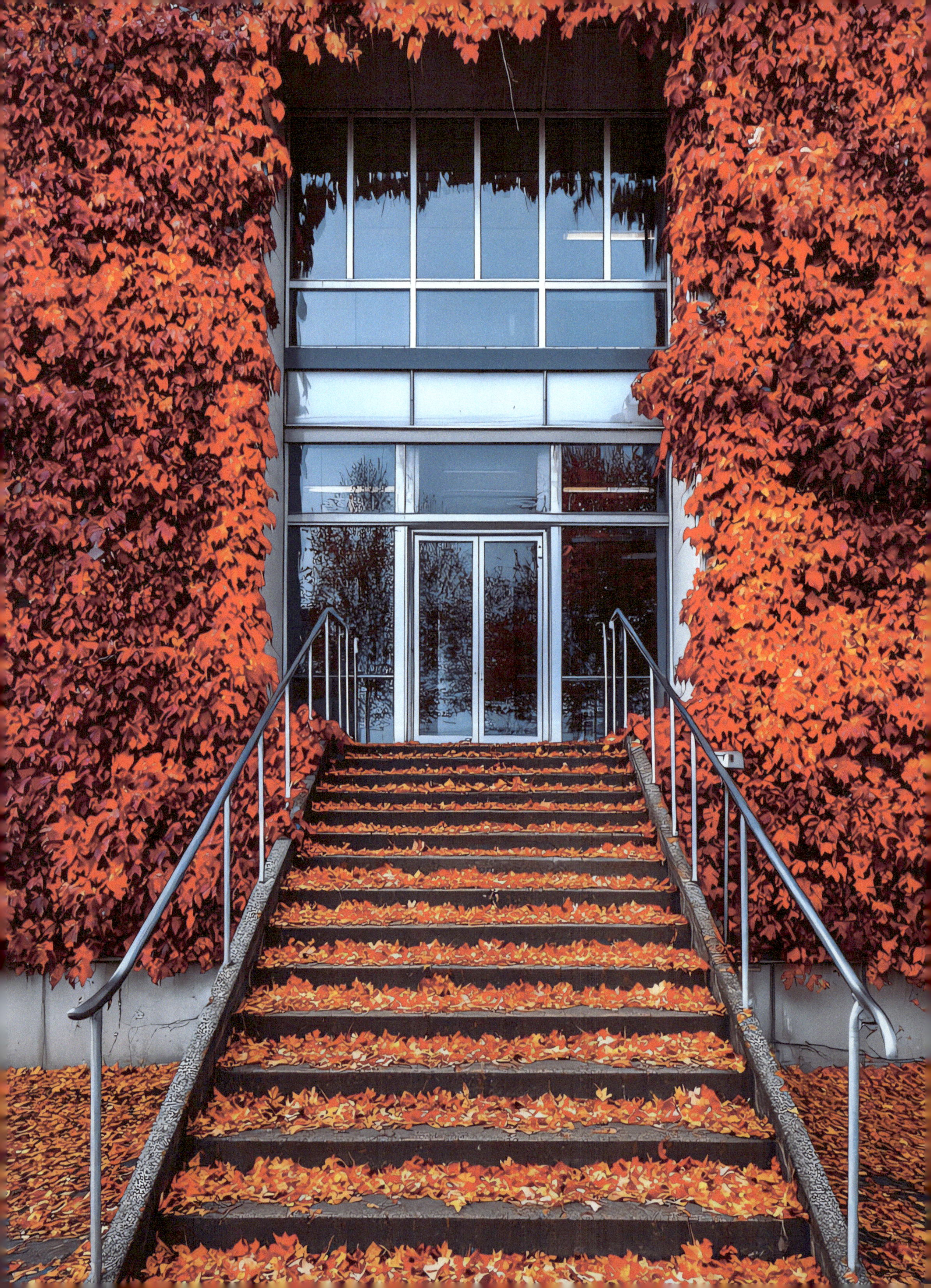

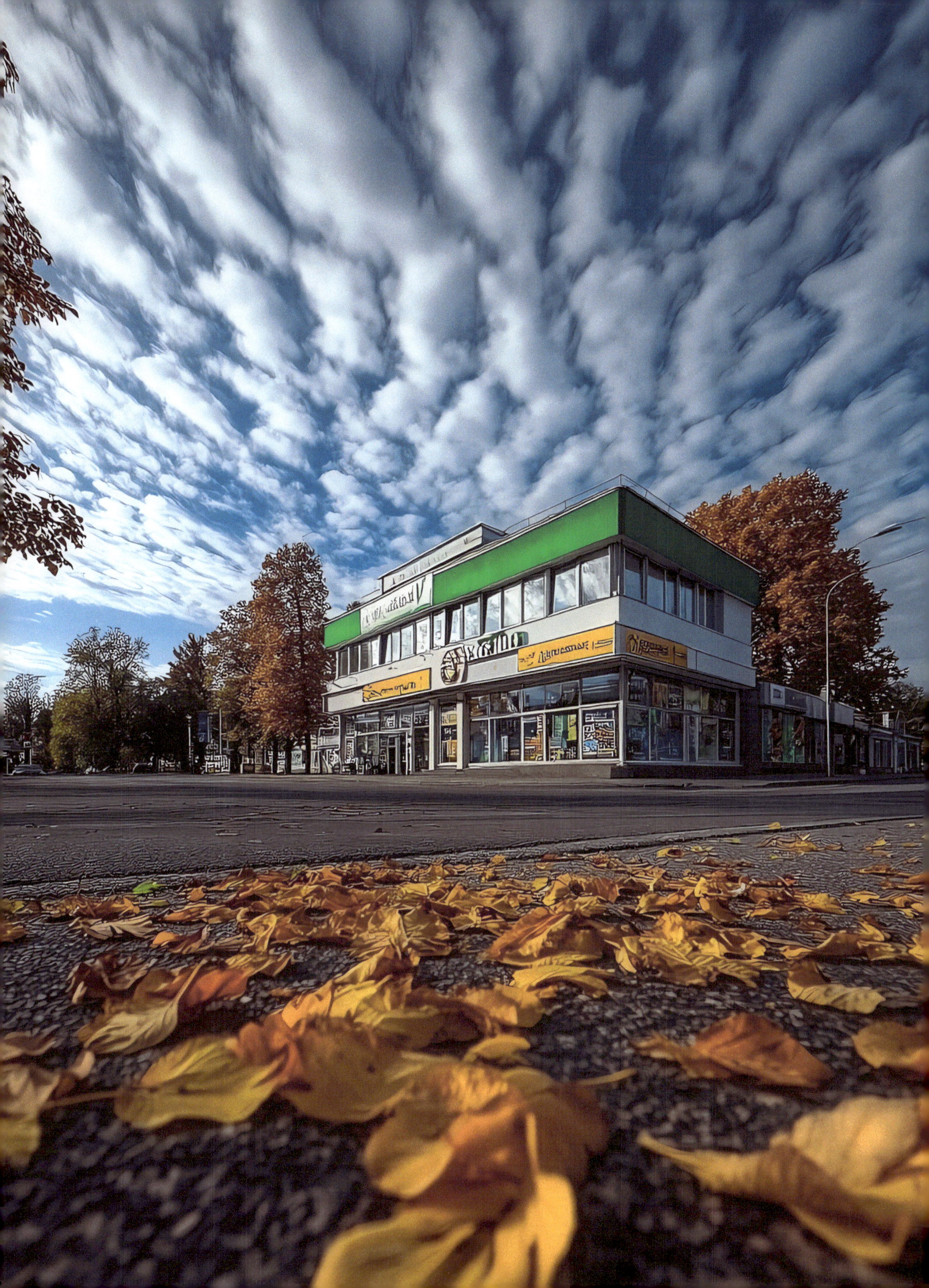

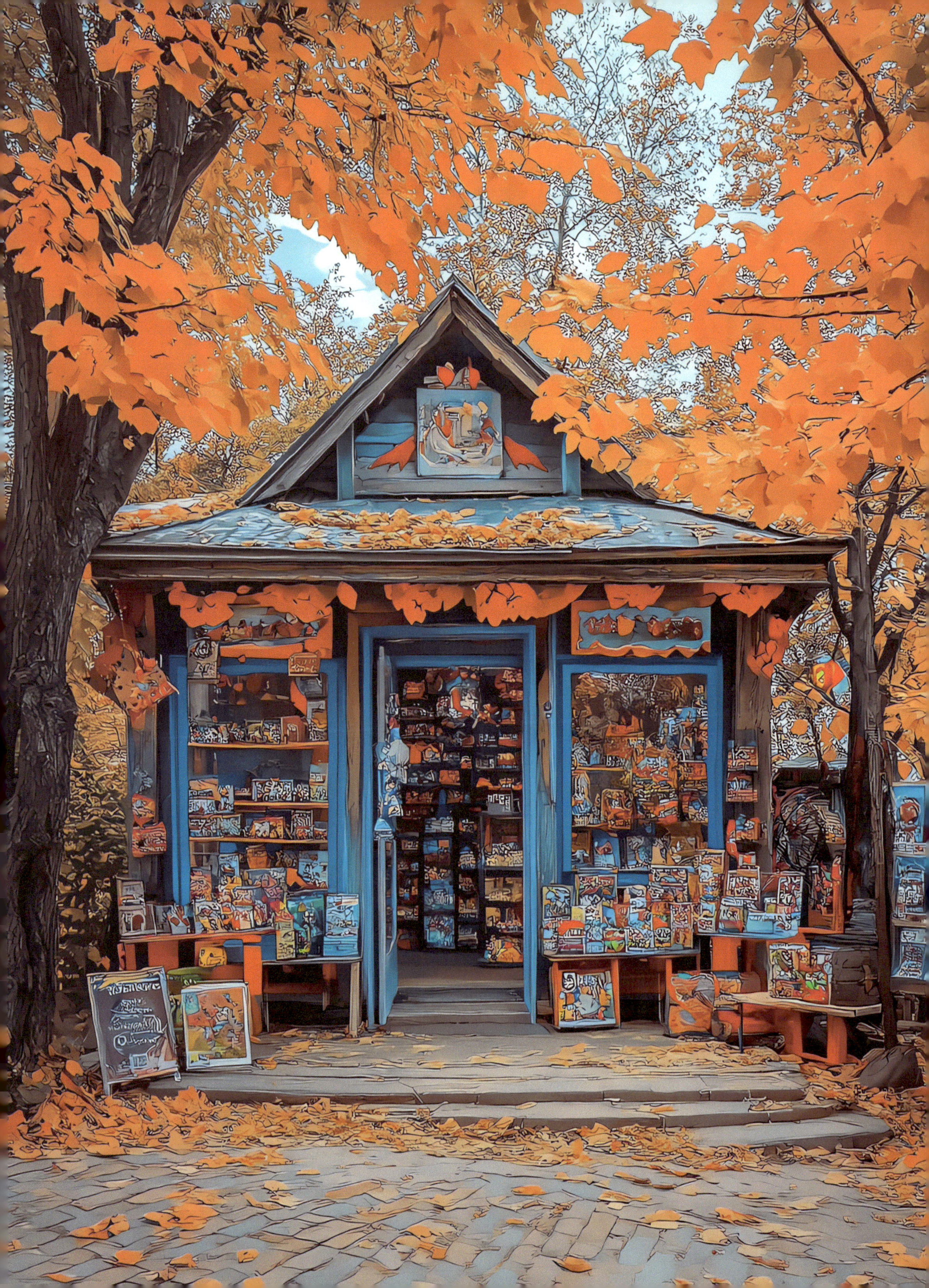

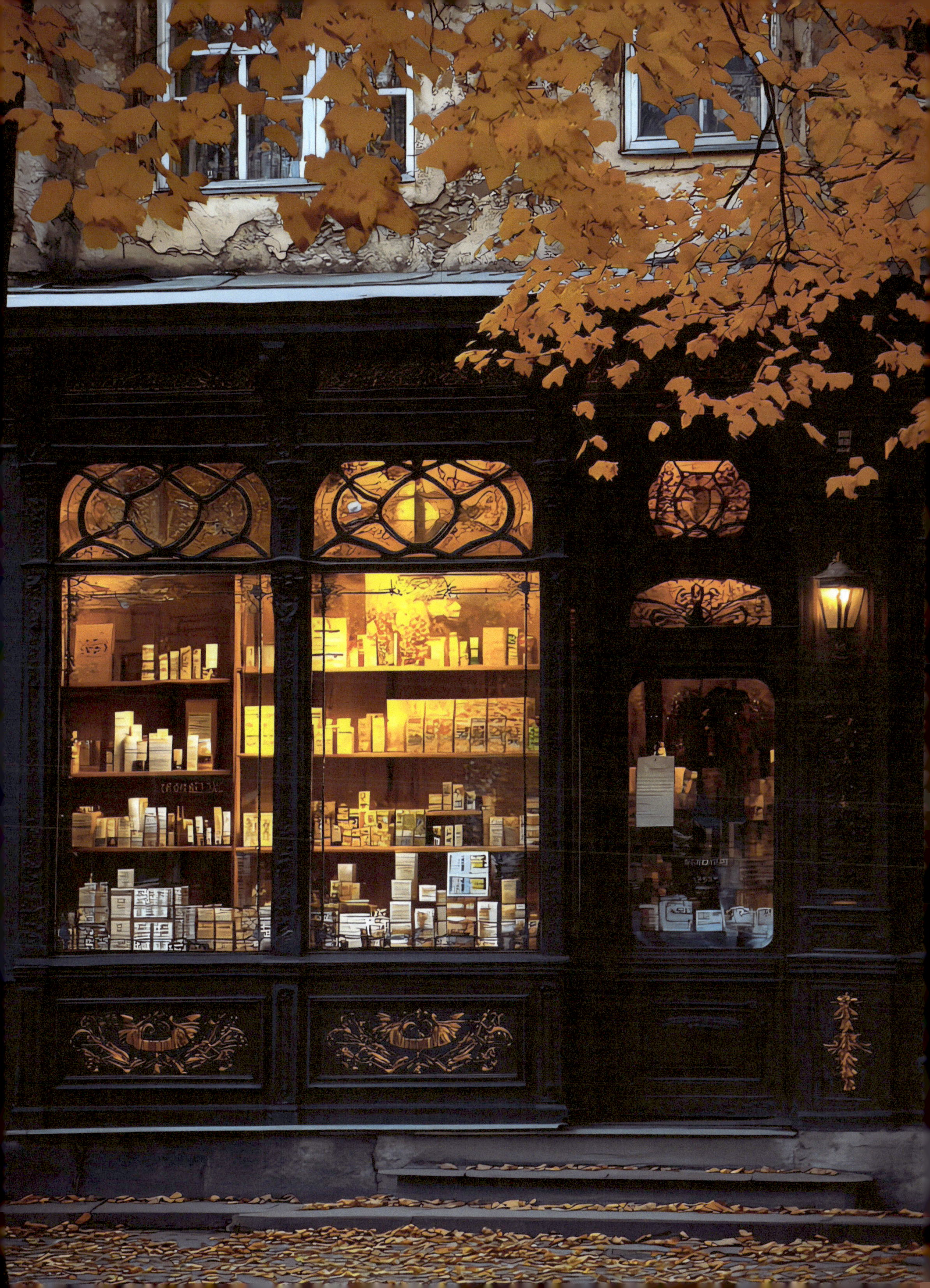

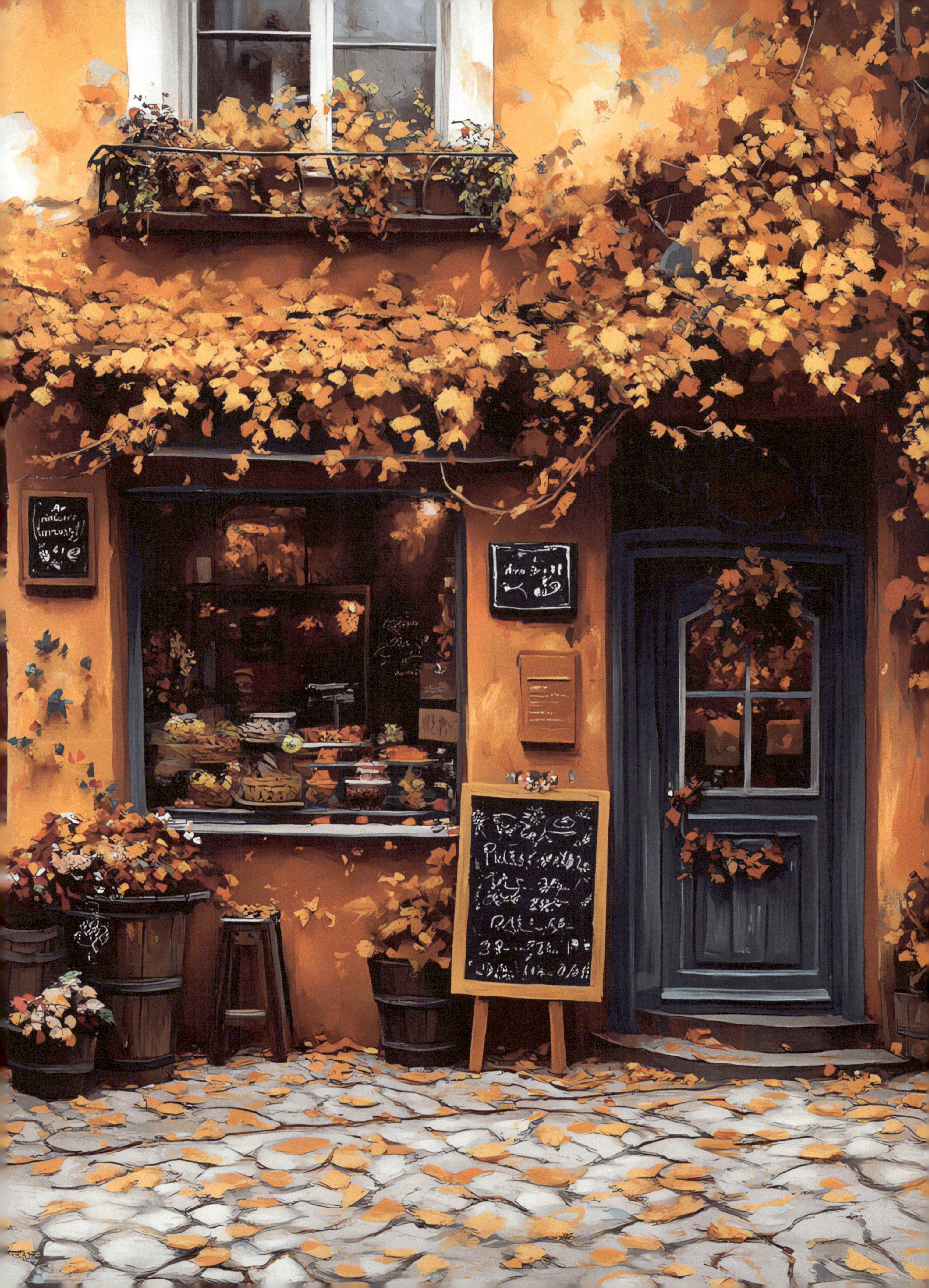

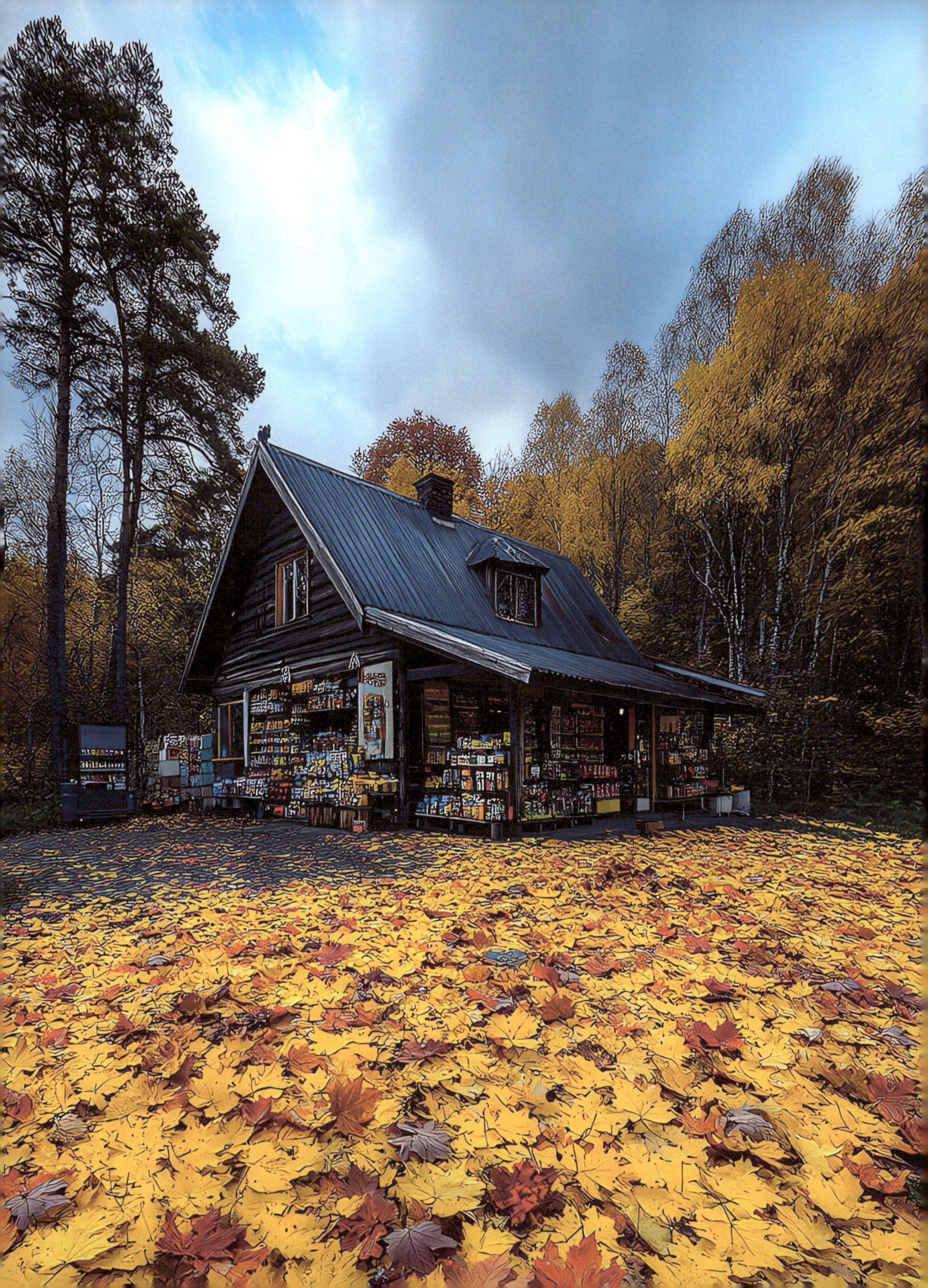

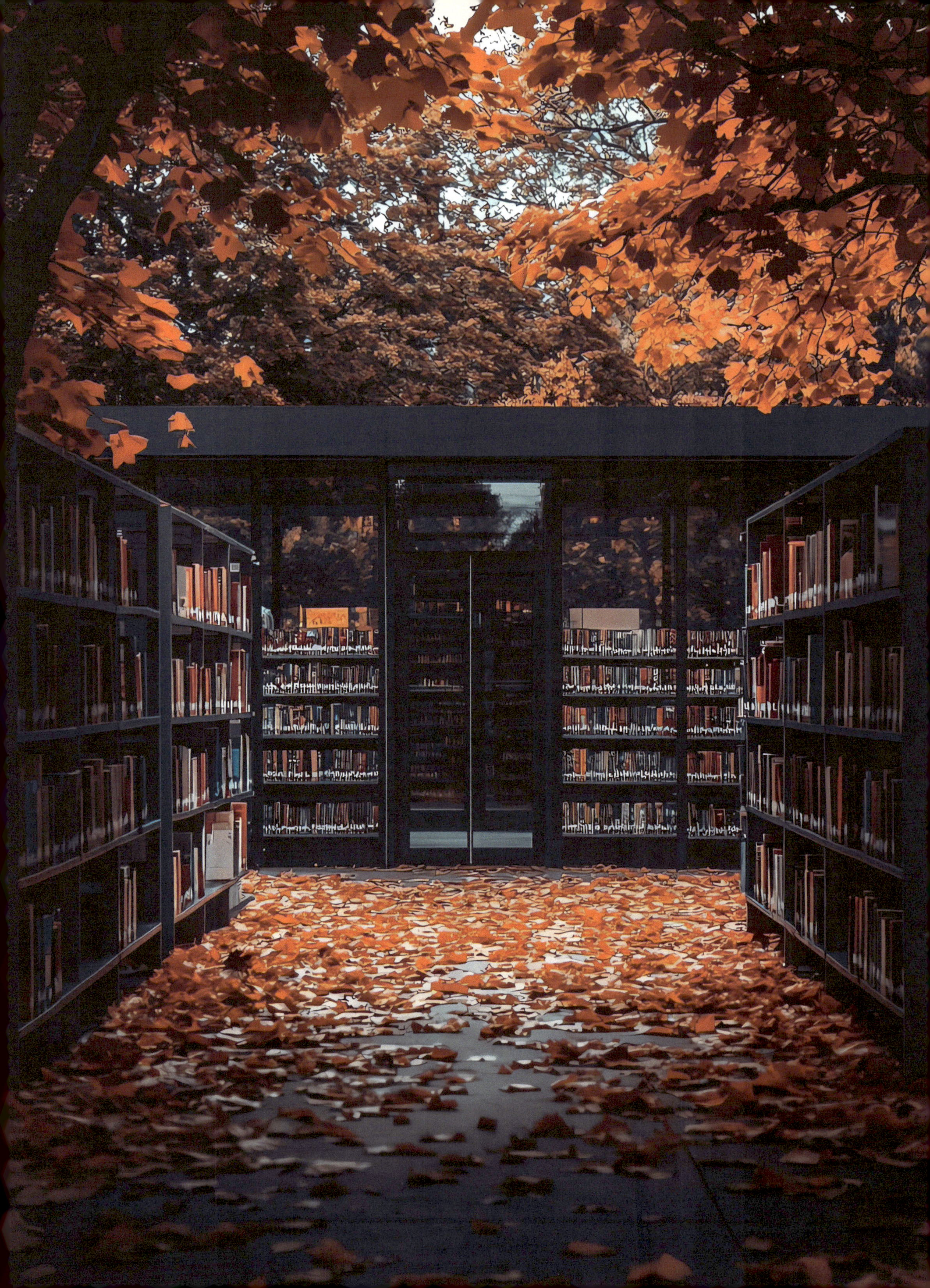

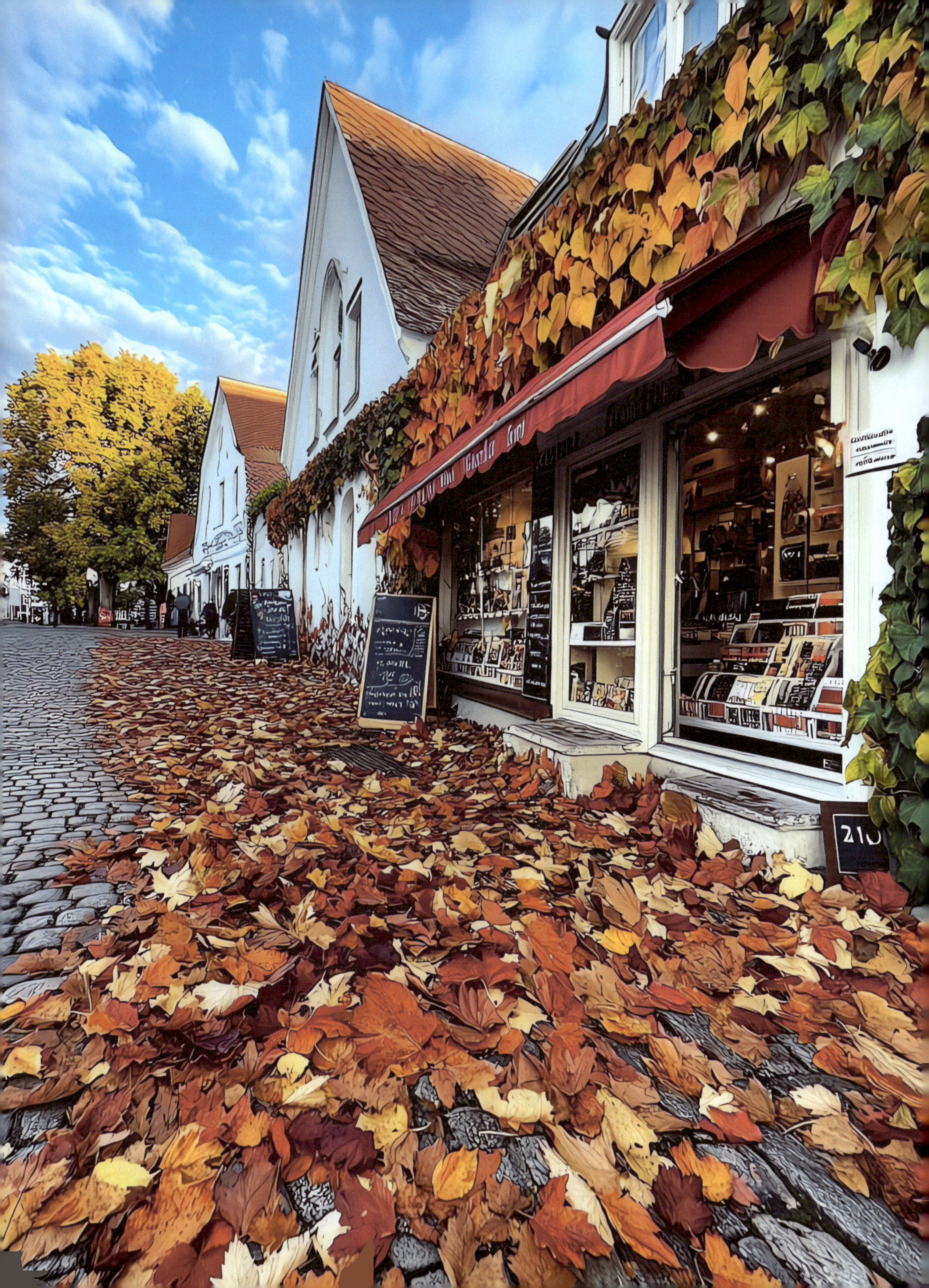
210

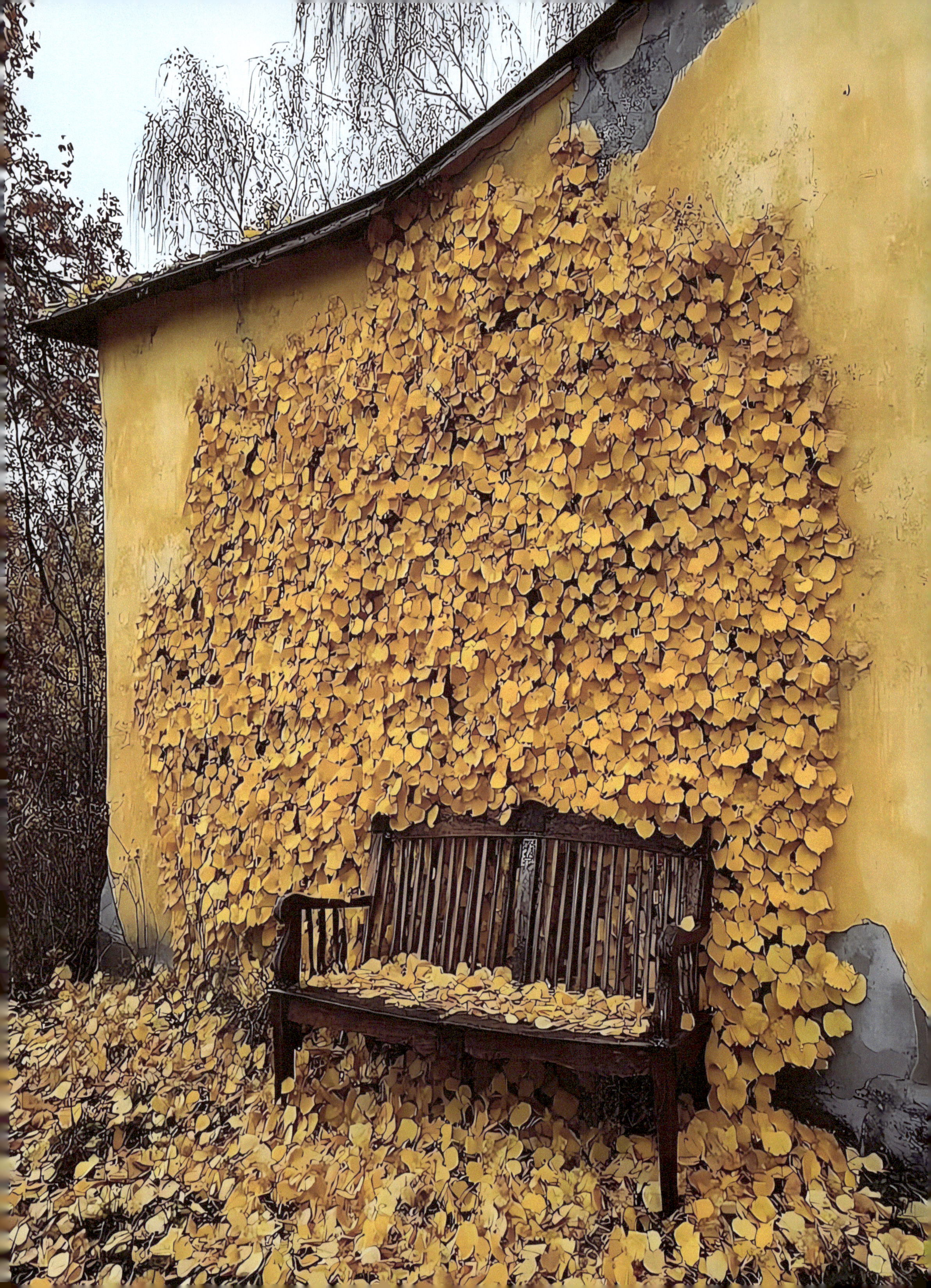

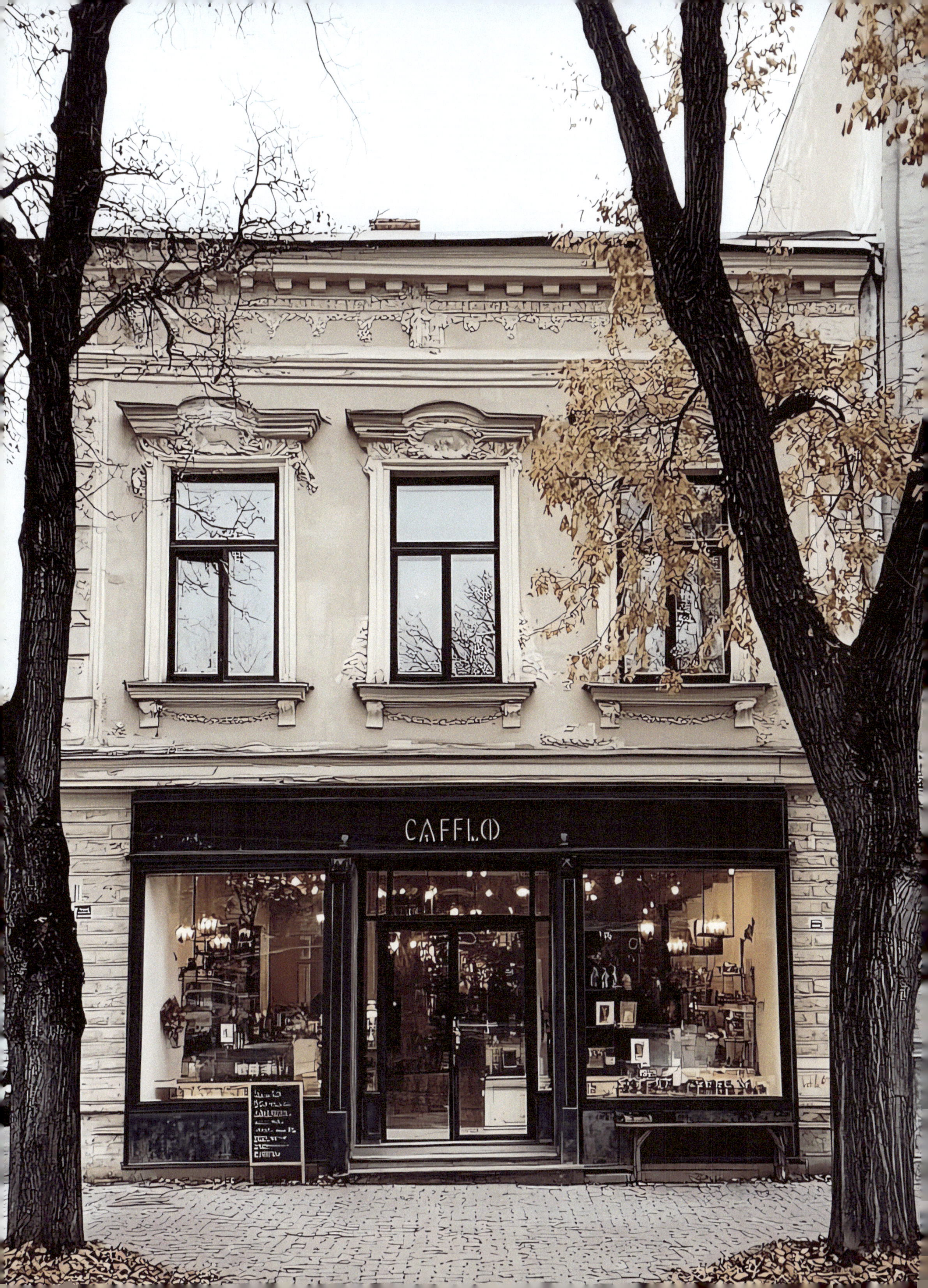
CAFFLO

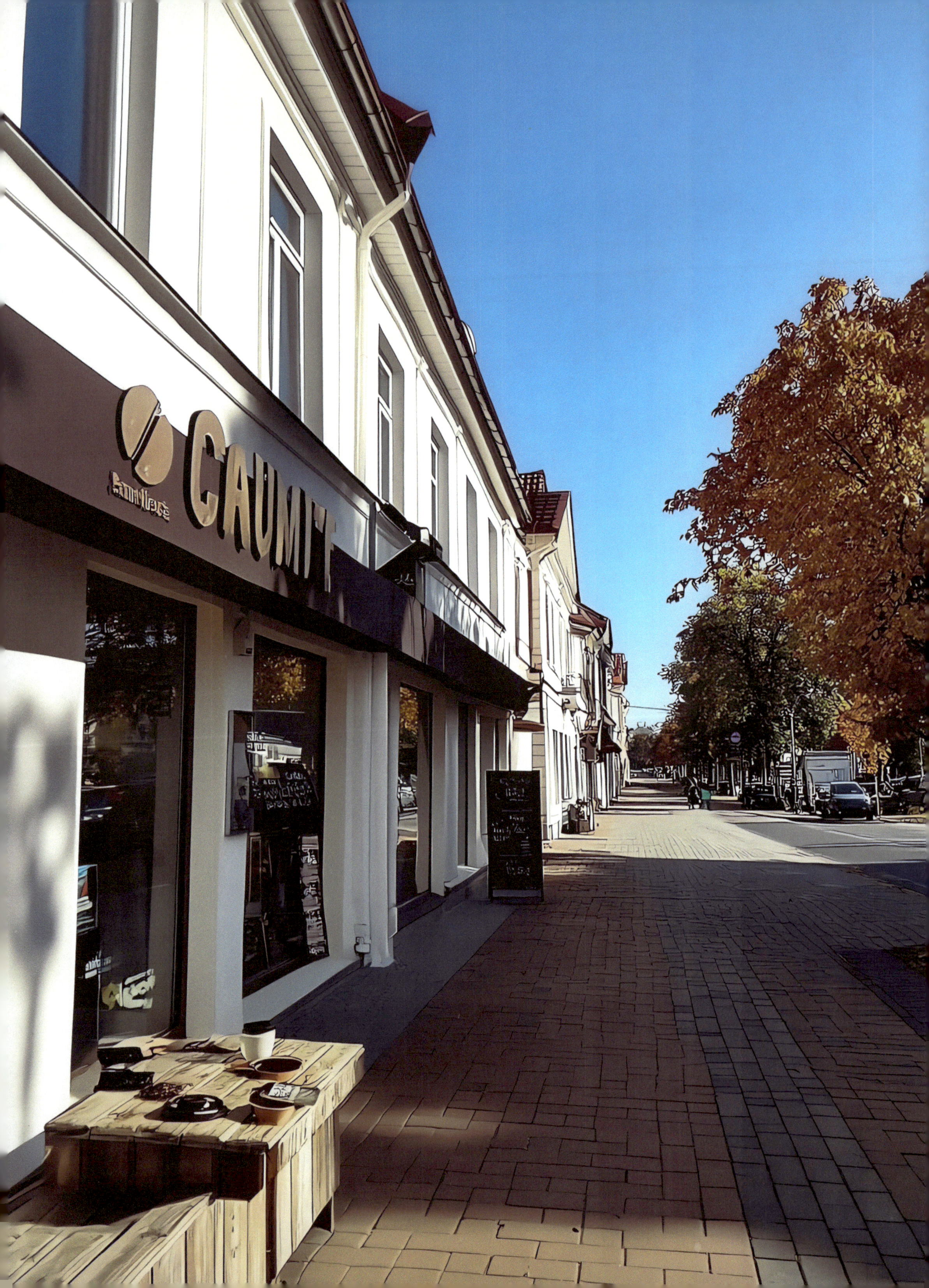

www.ingramcontent.com/pod-product-compliance
Lightning Source LLC
Chambersburg PA
CBHW040422220526
45473CB00004B/1321
* 9 7 9 8 3 0 3 3 4 5 8 0 5 *